Yuyan yishu de meili——langsong jineng jiqiao

语言艺术的魅力
——朗诵技能技巧

主编 乔丽华

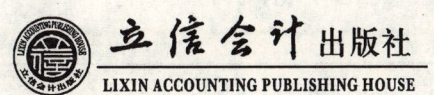

立信会计出版社

LIXIN ACCOUNTING PUBLISHING HOUSE

图书在版编目(CIP)数据

语言艺术的魅力:朗诵技能技巧/乔丽华主编.—上海:立信会计出版社,2016.12
ISBN 978-7-5429-5340-7

Ⅰ.①语… Ⅱ.①乔… Ⅲ.①朗诵—语言艺术 Ⅳ.①H019

中国版本图书馆 CIP 数据核字(2017)第 042424 号

策划编辑　　徐雪芬
责任编辑　　徐雪芬
封面设计　　周崇文

语言艺术的魅力——朗诵技能技巧
Yuyan Yishu de Meili

出版发行	立信会计出版社
地　　址	上海市中山西路 2230 号　邮政编码　200235
电　　话	(021)64411389　传　真　(021)64411325
网　　址	www.lixinaph.com　电子邮箱　lxaph@sh163.net
网上书店	www.shlx.net　电　话　(021)64411071
经　　销	各地新华书店
印　　刷	上海天地海设计印刷有限公司
开　　本	787 毫米×960 毫米　1/16
印　　张	11.5
字　　数	197 千字
版　　次	2016 年 12 月第 1 版
印　　次	2016 年 12 月第 1 次
印　　数	1—2 000
书　　号	ISBN 978-7-5429-5340-7/H
定　　价	23.60 元

如有印订差错,请与本社联系调换

语言艺术的魅力——朗诵技能技巧
编 委 会

顾　问　袁　雯

主　编　乔丽华

编　委　（按音序排列）

　　　　姜冠成　凌晓凤　刘　宁

　　　　田奇蕊　王嘉钰　王　苏

　　　　徐民杰　张大鹏　朱青春

前　言

朗诵是当今社会一项经常性的文化活动，也是广大群众喜闻乐见的一门语言艺术。

不同的文学体裁有不同的特点：诗歌的情感和韵律，呈现出她的抒情性和音乐美；散文的结构和意境，体现出她的形散神聚，灵魂深蕴；小说、故事的人物和情节，推出台词的人物形象和言语动作。朗诵者只有真切、深刻而透彻地悟出作品的"文意""语脉""情感"和"形态"，才能准确、鲜明、生动、充分地表达文学作品的思想感情。这是朗诵时需要具备的较为重要的前提和内功。

文学作品形式的灵活性，要求朗诵者在处理语言时表现力应力求饱满、传情、有活力。因为文学作品在写作形式上非常灵活、多样，所以要求朗诵者能够驾驭不同文体、不同题材以及不同表现手法的作品。处理文学作品，对朗诵者的语言表现力是有一定要求的。这些要求主要体现在：朗诵者必须以丰富的表现技巧，扎实的基本技能，多样态的语言方式，来展现丰富的体裁形式和表现手法，并尽量与朗诵作品相匹配。

我们编写了《语言艺术的魅力——朗诵技能技巧》一书，就是希望广大朗诵爱好者通过学习，能够掌握一定的朗诵技能技巧，用声音对文学作品进行二度创作，展现文学作品的魅力。

全书共分八章，第一章是关于朗诵；第二章为朗诵的基本条件与训练方法；第三章为朗诵的基本功；第四章为朗诵的基本技能；第五章为朗诵的外部技巧；第六章为朗诵的内部技巧；第七章为文学作品的表达方式与技巧；第八章为作品分析与练习。

书中收录了大量训练材料，有词语训练、语句训练、绕口令训练，以及贯口、诗词、诗歌、散文、故事练习等。我们的目的是通过对于不同体裁的文学作品的朗诵训练，使朗诵者在了解博大的文学宝库资源的同时，借助有声语言将作品中的悲感欢情和浸透其中的历史及社会的印痕与发展表达出来，从而向人们展示文化的精髓,彰显朗诵这种有声语言的魅力,从而感知和弘扬文学作品的博大与魅力。

　　书中对作品的分析仅仅是编者个人的体会与感受,读者可以根据自己的理解进行欣赏或者再创作。作为一本诵读教材,为方便教学中学习者对作品的理解和感情的表达,书中所选作品,有所删减和修正。特予说明。

　　本书内容有错误与疏漏之处,敬请读者斧正。

　　本书编写过程中,得到了许多专家、学者的指导和帮助,在此一并表示感谢!

2016 年 12 月

目　　录

第一章　关于朗诵 ··· 1
　第一节　什么是朗诵 ····································· 1
　第二节　朗诵的实质 ····································· 2
　第三节　朗诵的功能 ····································· 3

第二章　朗诵的基本条件与训练方法 ························· 6
　第一节　朗诵的基本条件 ································· 6
　第二节　语音基础训练 ··································· 8

第三章　朗诵的基本功 ···································· 38
　第一节　气息 ·· 38
　第二节　发声 ·· 48
　第三节　共鸣 ·· 58

第四章　朗诵的基本技能 ·································· 66
　第一节　音调的高低 ···································· 66
　第二节　音量的大小 ···································· 69
　第三节　力度的强弱 ···································· 73
　第四节　速度的快慢 ···································· 76

第五章　朗诵的外部技巧 ·································· 85
　第一节　重音 ·· 85
　第二节　停连 ·· 90
　第三节　语势 ·· 94

第六章　朗诵的内部技巧 ································· 107

第七章　文学作品的表达方式与技巧 ······ 111
第一节　诗歌 ······ 111
第二节　散文 ······ 123
第三节　故事 ······ 134

第八章　作品分析与练习 ······ 145
第一节　诗歌 ······ 145
第二节　散文 ······ 160
第三节　故事 ······ 166

第一章
关于朗诵

第一节 什么是朗诵

朗诵是当今社会一项经常性的文化活动,是有声语言的最高级形式,也是一种具有颇高审美价值的言语表达方式。

早在先秦时期,我国的《尚书·舜典》《周礼·大司乐》等史书文献中就有关于"诵"的记载;汉代出现了对"诵"的专门注释;唐代律诗的产生,使人们对"诵"诗有了新的追求;宋代陆游《剑南诗稿》的一首诗里,显现了"朗诵"两字,到元、明、清,人们对"诵"有了更高的认识,创造了更多的"诵"的方法。

朗诵发展到现当代,新诗的崛起,话剧艺术的诞生,白话文的兴起,朗诵会专门活动形式的出现,使朗诵从其他有声语言活动中分离出来,成为一门独立的艺术。

人的声音是最富有感情的。而朗诵就是通过有声语言,向听众表达文学作品思想感情的一种听觉艺术。它来自生活,然而比生活更高,更具艺术性。正如诗人萧山说的:"朗诵是一种加过工的、艺术化了的讲话,它有韵律、节奏的美。不过这种音乐性的美是由读和诵来达到的。"朗诵,以她独特的魅力,成为文艺百花园中的一朵鲜花;以她独有的震撼力,激动着人们的心声。在战火纷飞的年代,朗诵是战斗号角,鼓舞万千中华儿女奔赴前线抗击敌寇,坚定了中国人民埋葬蒋家王朝建立新中国的信念;新中国成立后,朗诵犹如铿锵鼓槌,掀起亿万人民对新生活的憧憬和热情,讴歌在中国共产党领导下社会主义祖国的蒸蒸日上。

在人们的日常生活中,朗诵又是读书学习、增长知识的好方法,是提高人们文化素养,陶冶情操的好形式。朗诵像一泓清泉,滋润着人们的心田,暖人心房,催人奋进,给人带来美的享受。

《现代汉语词典》解释"朗诵"为:大声诵读诗或散文,把作品的感情表达出来。

朗,指声音清晰响亮;诵,指读出声音来。

语言是人类所特有的用于表情达意的交际工具,在与文字并举时,专指口语。语言因为交际的内容、目的、交流对象和语境及表达方式的不同而形成具有不同风格特点的表达形式。大体主要有:讲解、朗读、朗诵、演讲、交谈、讨论、辩论、主持等有声语言的形式。而朗诵相较于其他有声语言形式,更有其自身特殊的魅力。

朗诵是有声语言的一种传播样式,亦是文学作品的一种传播样式。朗诵是人们借助声音,将文字符号能动地转化为声音符号,打破时空,让平面的、静止的文字流动起来,让朗诵的文字插上阅读者想象和联想的翅膀飞进听者的胸膛。

朗诵是一门语言艺术。

朗诵作为一种独立的社会现象,既实现着独特的沟通方式,也体现着阅读者对语言完美的追求。因为朗诵在尊重文本的基础上,更增添了书面语言所难以呈现的语气、语调、语势、语感,以及轻重缓急、抑扬顿挫,从而显得更准确、更丰满、更生动、更传神、更具美感。

朗诵与文学、绘画、雕塑、音乐、戏剧、电影、舞蹈等艺术形式一样,都是艺术创作者把自己对生活的某种感受,通过各种艺术形式传达给观众,或者说分享给欣赏艺术的人。

朗诵就是一种以声音形式为载体,能动表达文学作品中的思想与情感的语言艺术,是一项把文学作品转化为有声语言的创造性活动。

第二节 朗诵的实质

朗诵是有声语言的最高级形式,也是一种美好的言语交流方式。朗诵不是没有什么高深的,无非是把文本上的字念出来,不读错音,念得清楚、响亮而已。朗诵既然是一种语言艺术,一定有艺术元素渗透其中,一定有一种外在的表现形式诠释朗诵的实质,进而实现朗诵的魅力。

我国语文界的前辈徐世荣先生曾说过这样的话——朗读是把写作语言还原,变为口语的有声语言,补上书面语言表达不出来的语气、语调、语势、语感,抑扬顿挫,轻重缓急,使语言增加了活力,有了跳跃着的生命。其实,朗诵和朗读从这个方面来看,其实质是一致的。

"还原"是一个过程,就是要把无声的书面语,变成(也就是"还原"成)有声的口头语言,还要"补上"书面语所不能表达出来的东西,要借助有声语言独具的表达技巧,把文本的"生命"显示出来,并使其"跳跃"起来,变成更能"表情达意"的另一种形式。

徐先生所讲的"还原"中的"还",从形式上看,是"还"到口语上去,变成口头语言。但此处的口头语言,并不是简单地指作者本人的口头语言,而是还原到文本作者的思想和感情里去。至于如何使有声语言准确地还原文本的主旨和作者的思想情感,这需要建立在朗诵者对文本深刻细致的理解和对语言艺术表达技巧娴熟运用的基础之上,它是融入朗诵者更多主观理解后的能动解读,是可以超越文本和创作主体的二度创作。

以舒婷的《致橡树》为例。不少年轻女性都喜欢朗诵这首诗,可是往往没弄明白诗里是谁写给谁的及文本表达的真正内涵。这是"木棉"写给"橡树"的,为的是表白她的恋爱观:双方应该平等、自尊,还要有共同的追求,并能甘苦共尝。而诗中涉及凌霄花、鸟儿、泉源、险峰甚至日光、春雨,尽管都是些美丽可爱的形象,却是与"木棉"相对比而存在的"畸形爱情"的象征。倘若不能够理解文中深意,只是停留在华丽辞藻的美好渲染上,怎么能"还原"到作者的内心去呢?

再如徐志摩的《再别康桥》。多数年轻人往往只在意它的优美、飘逸,却不知作者此时的痛苦、惆怅和无可奈何。康桥当然是美丽的,诱导作者进入了"彩虹似的梦",但梦总是要醒的,一旦回到"我不能放歌"的现实,便只能"轻轻""悄悄"地作别。如果朗诵者不能掌握诗人喜怒哀乐的情感变化轨迹,便很难把文本真正"还原"。

由此可以得出朗诵的实质即是"还原"。

第三节 朗诵的功能

语言是人类最重要的交际工具和信息载体,是"思想的直接现实"。文字是书面语言的记录符号和载体;而声音(准确说是语音)是口头语言的记录符号和信息载体。语音是很美妙的东西,它虽然没有影子、形状、体积和重量,但是它可以把世界上的万事万物都表达出来,通过传播者的口,借助物理声波,传入听者的耳朵,钻入听者的内心。在生活中,有声语言的种类不少,大致有:讲解、朗读、朗诵、演讲、讨论、辩论、交谈、主持等形式。在有声语言活动中,常常出现朗读与朗诵或与演讲在称谓或表现形态上混淆的情况。其中较难分清界线的便是朗诵和朗读。

朗诵与朗读,二者有一定的区别,但共同的东西更多。其实"朗读"是一种弱化了的朗诵。《现代汉语词典》解释"朗读"为"清晰响亮地把文章念出来";而解释"朗诵"为"大声诵读诗或散文,把作品的感情表达出来";"朗"就是"清晰响亮"或"大声"的意思。

"朗读"的文字材料是"文章",可以是科技语体、公文语体、政论语体或文艺语体等所有文章。而"朗诵"的文本却是"文学作品";"诗或散文"等文艺语体的文章。目前,小说、故事和寓言及影视话剧台词之类的文字材料也归入朗诵的文本范围。

从有声语言在实际生活和工作中所起的作用来看,朗读是一种"日常活动",不分领域、不分年龄、不分工种,谁都可以朗读,都会朗读,也不一定有普通话的硬性要求,总体效果是让听者听清、听明,并给以思想情感上的启发与感染。

朗诵是一种"艺术活动",主要用来表达人们对客观世界的深刻感悟,以及由这些感悟所激发出来的各种情绪与情感。艺术创作中有一个基本原理,即内容决定形式。从朗诵的文本性质上看,朗诵的总体效果必须具有一定的审美价值,能够给听者思想上以启迪,心灵上以触动,情感上以震撼,行动上以导示,言语上以美感。

朗诵应该有"腔调",这个腔调就是"朗诵腔"。它与人们日常生活中讲话的腔调大不相同。在大多数人眼里,"朗诵腔"成了"虚假""造作"的代名词。其实这是人们对朗诵的不了解而造成的认识上的误区。因为不是所有用口语大声念出来的东西,都可以称之为朗诵。比如日常生活中的对话、各种工作报告的宣读、演讲等,均与艺术无关。话剧对白、故事片(电影电视)中的对白、相声、小品等,虽然也是艺术作品,但也与朗诵无关。恰恰是因为许多创作者,将朗诵滥用在了不该用、也不能用的地方,进而造成了艺术作品"虚假"与"造作"的结果。把一切的罪过都归结于"朗诵腔",却不知道问题的关键不在"朗诵腔",而在人们把它用错了地方。

朗诵或者"朗诵腔"之所以遭人诟病,究其原因,是人们普遍认为它矫揉造作、矫情虚假、不真实。对艺术作品的欣赏是一个审美的过程。什么是"美"?真与善的结合才是美。就是说作品要真,但同时还要善,这个作品才能美;作品真,但是形式很丑,也不能称之为美;作品善,然而充斥着虚假,那么这就成了伪善,伪善无论如何都与美联系不上。所以"真"应当是艺术作品的基础。

什么才是"真实"的呢?与现实生活一模一样才是真实吗?芭蕾舞、现代舞、各种戏曲、歌剧、舞剧、现代绘画、现代雕塑又该怎么评价呢?艺术的真实与现实生活的真实还不能画等号,艺术有艺术的真实,有其自身对"真实"的评判标准。这个评判标准不是由哪一个人单方面制定的,而是由创作者与欣赏者在创作与欣赏过程中不断适应、磨合,逐渐形成的。

众所周知,有什么样的内容就会有什么样的方法、手段、载体来表现这些内容。

朗诵就是表达人们对思维世界感受的一种手段,换句话说,朗诵只适合于表达思维世界的东西。在这个思维世界中,朗诵腔才是真实的。比如,中华人民共和国60年大庆,天安门举行大阅兵,广播电台向全国人民直播,这时播音员一定要有腔有调地朗诵:"共和国走过了风风雨雨的60年",语气语调沉稳、庄重、自信、有力。只有这样,才符合广大人民心中那个国家的形象,这时的朗诵腔才是观众认定的真实。假如播音员用在菜市场买菜的语气说:"今天共和国60年了,咱们大家都很高兴",所有观众都要大为不满,因为这种所谓的生活语调,用在这样的场合,太随便太轻慢了,和人们心里那个神圣、伟大、和谐、富强的祖国匹配不到一起。艺术的真实,要看规定情景。在一定程度上,它是由规定情景来决定的。

如今,多数人朗诵的通病表现在:感情动不起来,声音放不出来,句子断不开来,速度慢不下来,美感显不出来。

真正精彩的朗诵是需要具备一定的条件和掌握一定的方法的。

第二章
朗诵的基本条件与训练方法

第一节 朗诵的基本条件

朗诵是内容与形式的统一体。"情"和"意"是它的内容。朗诵是朗诵者对文学作品的再创作,要求朗诵者必须具备良好的声音条件和扎实的语言功力;在正确、深刻理解作品内容的基础上,借助恰当的表现手段和方法,准确、生动、形象地表达作品的思想感情及风格特色,从而给听者以高尚的精神享受。

一、普通话的特点

普通话是朗诵的工具。尽管在某些特殊场合,人们也能够听到很有特色的方言朗诵或是方言吟诵,但无论是从朗诵的传播效果和规范标准来看,标准规范流利的普通话都应当是呈现优质朗诵的前提条件。语流中吐字归音纯正、自然、清晰,无疑能使朗诵达到较好的效果。因此,学好普通话应当是学习朗诵最根本、最基础的条件。

(一)普通话——表情达意的载体

普通话,它是"以北京语音为标准音,以北方话为基础方言,以典范的现代白话文著作为语法规范的现代汉民族共同语"。

我们现在所说的普通话,可以追溯到一百多年以前。早在1909年,清政府将当时通用的汉语官话命名为"国语"。然而那时候的所谓"国语"并没有一个严格统一的语法规范和语音体系。直到1932年,"中华民国"才正式明确了现代汉语的第一个系统——国语系统。

1949年,新中国成立后将"国语"改称为"普通话"——即"各省通行之话",作为国家通用语言进行推广并写入了宪法。

（二）普通话的特点

1. 简单易学，清晰明快

普通话语音系统主要包括声母、韵母、声调及音变等。音节是语音的自然单位，一般来说，一个汉字就是一个音节。音节由声母、韵母、声调三部分组成。普通话常用的音节仅有400多个，加上声调也不过1 250多个，记认方便，与其他方言相比，更是简单易学。

2. 富有音乐性，表现力强

普通话元音占主导地位，其中以开口度最大的"a"元音做主要元音的音节就有164个（包括"a"的变体），占全部音节的40%多。元音常以复合形式承担音节的主要使命，而发音时辅音（多为清音）不连续发音（没有复辅音），因此，听觉效果就显得响亮、饱满、悦耳，富有音乐性；由于普通话具有4个声调，在高、扬、转、降的过程中使语句具有抑扬顿挫的变化，加之儿化韵、双声、叠韵、叠音等语音现象，为普通话的语流增添了音韵美感和表现力。

二、音节和音素

音节和音素是最基本的两个语音概念。音节是用听觉可以区分的最自然的语音单位，它是依据发音时发音部位肌肉的松紧周期划分出来的语音片段。从书写单位看，一个方块汉字的字音就是一个音节（儿化除外）。

音素是从音色的角度划分出来的语音中的最小单位。1个音节可以由1个到4个音素组成。

普通话有32个音素，其中元音10个，辅音22个。

三、声母、韵母和声调

在汉语中，一般我们把一个汉字的读音称之为一个"音节"。按照汉语语音学的传统分析方法，每一个音节又可以被拆分为声母、韵母和声调三个部分。

声母是汉字音节中的起头部分，例如"播 bō"音节中的"b"，"支 zhī"音节中的"zh"。普通话的声母有21个。

当然，也有一些汉字音节的开头没有声母，我们称之为零声母音节，如"安 ān""欧 ōu""鹅 é""一 yī""屋 wū"等（注意，这里的"y""w"并不是声母，只是一个分隔音节的符号）。

而在声母后面的部分我们称之为韵母。例如"马 mǎ"音节中的"a"，"电 diàn"

音节中的"ian"。和声母相比,韵母的发音时长更长、声音更为饱满响亮,是一个字音中最重要的部分。汉语普通话的韵母有39个。

声调也叫"字调",是汉语同其他主要世界语言相比最大的不同之处。英语、法语、德语、俄语等语言属于"非声调语言",只有在句子中才会有明显的音调高低起伏的变化;而汉语则属于"声调语言",不仅在句子中有句调的扬抑,每一个汉字发音都有其各自的音调。普通话中"芭、拔、把、爸"四个字的声母、韵母都一样,正是借助着不同的声调才实现了意义的区分。

声母、韵母、声调,这三个要素共同构成了汉语普通话音节的读音。因此,在学习普通话的时候,我们有必要从这三个方面具体着手,逐一纠正自己在发音时的语音缺陷。

第二节 语音基础训练

一、声母训练

声母是一个普通话音节的开始,也是构成音节的一部分。在汉语普通话中,声母共有21个,它们分别是:b、p、m、f、d、t、n、l、g、k、h、j、q、x、zh、ch、sh、r、z、c、s。

俗话说,良好的开端是成功的一半。声母的发音是字音准确的关键。尽管我们小时候都学过普通话,都背过汉语拼音声母表,但并不是每个人都能把21个声母的发音念到位并且运用自如。因此,进行声母训练是练好普通话不可或缺的一个环节。

受地域方言的影响,不同地区的人在普通话声母发音时存在不同的问题。在此,我们简单总结了几类较为典型的声母误读问题,逐一分析不同声母的发音要领,以及相近声母的分辨诀窍。

(一) zh、ch、sh 和 z、c、s

平翘舌音不分是我国南方大部分地区包括少数北方人共有的典型语音问题。zh、ch、sh在发音时舌尖在口腔中翘起,我们称之为翘舌音(同样为翘舌音的还有r);而z、c、s在发音时舌尖抬起的幅度不大,我们称之为平舌音。

zh、ch、sh 和 z、c、s 的主动发音部位都是舌尖,发音时声带不振动,凭借气流与口腔中相关发声器官形成的阻塞、摩擦发出声音。两者的区别在于,z、c、s 是舌尖前音,发音时,舌头平伸,舌尖与上门齿形成阻碍;zh、ch、sh 是舌尖后音,发音时,舌尖要上翘,与上齿龈后部(硬腭前端)形成阻碍。

多数分辨不清平翘舌音的练习者,通常都会把翘舌音发成平舌音或者是接近平舌音的感觉,这主要是舌尖翘不到硬腭前部位置的缘故。因此,要着重训练舌体的力度,让舌尖能够有意识向上翘起,然后再用舌尖寻找口腔中正确的接触位置,慢慢摸索出翘舌音的发音位置。

训练

1. 双音节词训练

栽植	诅咒	字纸	宰制	佐证	增殖
财产	操场	存储	磁场	操持	促成
宿舍	松手	扫视	随时	诉说	损伤
政策	中层	仲裁	珍藏	主次	注册
场所	称颂	沉思	传送	出色	处所
绳子	涉足	深造	守则	失踪	扇子

天才——添柴　　租子——珠子　　佃租——电珠
自理——治理　　早稻——找到　　阻力——主力
综合——中和　　钻营——专营　　字符——制服
大字——大致　　栽花——摘花　　自造——制造

2. 绕口令训练

绕口令是一种十分常见的训练字音的手段。需要注意的是,朗读绕口令时不能单纯求"快",语速快慢必须要建立在字音"准"的基础之上。练习之初,需要放慢速度,先逐字逐句将字音念清楚、念规范,等到熟练之后,再慢慢加速。但再快也要保证每一个字音的准确性与完整性。

绕口令的特点,就是将若干发音相同、相近或容易混淆的词语有意识地集中在一起,组成一个有情节有内容的小段子。朗读绕口令的目的,是为了反复辨读段子中容易混淆的词语,从而提升对某一特定字音的发音能力。

为了让练习更有效率,在朗读绕口令的时候,需要将这些易混淆的字音突出强调,碰到这些字词时思想意识上就得更加重视,念到这些字词时唇舌的力度也要相应加强。

比如,下面这些绕口令,都是平翘舌音 z、c、s 和 zh、ch、sh 之间的对比。在朗读时,需要将更多的关注度放在平翘舌声母的辨读上,在发平翘舌音时,也需要略微加大一些咬字的力量,确保平翘舌音区分清楚、读音准确。

三哥三嫂子,借我三斗三升酸枣子。明年上山摘了酸枣子,如数奉还三哥三嫂子这三斗三升酸枣子。

四十四个字和词,组成一首子词丝的绕口词。桃子李子梨子栗子橘子柿子槟子榛子,栽满院子村子和寨子。刀子斧子锯子凿子锤子刨子尺子,做出桌子椅子和箱子。名词动词数词量词代词副词助词连词,造成语词诗词和唱词。蚕丝生丝熟丝缫丝染丝晒丝纺丝织丝,自制粗丝细丝人造丝。

刚往窗上糊字纸,你就隔着窗子撕字纸。一次撕下横字纸,一次撕下竖字纸,横竖两次撕下四十四张湿字纸。是撕的字纸你就撕字纸,不是撕的字纸你就不要胡乱地撕一地纸。

山前有四十四棵死涩柿子树,山后有四十四只石狮子,山前的四十四棵死涩柿子树,涩死了山后的四十四只石狮子,山后的四十四只石狮子,咬死了山前的四十四棵死涩柿子树,不知是山前的四十四棵死涩柿子树涩死了山后的四十四只石狮子,还是山后的四十四只石狮子咬死了山前的四十四棵死涩柿子树。

(二) n 和 l

n、l 不分是又一个十分典型的普通话声母语音问题。闽方言、粤方言、北方方言中的西南话、部分江淮话等,区分 n 和 l 有一定的困难。有的自由变读,有的有 n 无 l,有的有 l 无 n,有的这两个音都会发,但不知道哪些字声母该发 n,哪些字声母该发 l。

从声母的发音位置看,n 和 l 同样都是舌尖音,但发音时既不像 z、c、s 那样,舌尖抵住上门齿背,也不像 zh、ch、sh 那样,舌尖抵住硬腭前部的凸起处,而是在两者中间——舌尖抵住上门齿内侧的牙龈位置。

此外,不同于平翘舌音,发 n 和 l 这两个声母的时候喉部声带参与发音,会有明显的震动感,这在普通话声母中也是不多见的。

声母 n 和 l 发音时气流受到阻碍的部位相同,都是舌尖抵住上齿龈,而且都是浊音,发音时声带都振动,但气流呼出的方式不一样。发 n 时舌尖抵住上齿龈使气流不能从口腔通过,改道从鼻腔流出成音。发 l 时,舌尖中部抵住上齿龈,但舌头前端的两边留出空隙,气流从两边的空隙经过,从口腔流出成音。

具体在发音辨读时,我们可以通过以下方法加以判断:发音时捏住鼻子,如果感到发音困难,就说明发的是 n 音;如果捏住鼻子不影响发音,并且能感觉到舌的左右两边有气息流动,那么发的就是 l 音。

另外,通过口腔运动来锻炼舌体的力度,增强对发音时舌尖动作的控制能力,也能够对 n、l 的发音起到改善作用。

> 训练

1. 双音节词训练

遛鸟	林农	流脑	留鸟	烂泥	老娘	两难	那里	累年	年轮
岭南	老牛	林农	鸟类	年龄	哪里	女篮	逆流	脑瘤	嫩绿
闹铃	内陆	能量	纳凉	奴隶	拿来	年利	男篮	内乱	哪里

牛油——流油　　南方——蓝方　　扭转——流转
年代——连带　　囊中——郎中　　脑子——老子
大怒——大陆　　新娘——心凉　　逆行——厉行
烂泥——烂梨　　老娘——老梁　　农人——龙人

2. 绕口令训练

你能不能把柳树下的那头老奶牛拉到留念山牛奶站挤奶房来挤牛奶,然后把牛奶拿到留恋村送给南边住的刘奶奶。

老龙恼怒闹老农,老农恼怒闹老龙,农怒龙恼农更怒,龙恼农怒龙怕农。

牛郎恋刘娘,刘娘念牛郎。牛郎年年恋刘娘,刘娘年年念牛郎,郎念娘来娘恋郎。

(三) f 和 h

部分方言有 f、h 不分的现象,有的将 f 读成 h,有的将 h 读成 f,多数情况是当 h 和 u 及有 u 开头的韵母相拼的时候,如把"老虎(lǎo hǔ)"说成"lǎo fǔ"。有的随意混读。

发 f 音的时候,下唇向上门齿靠拢,形成间隙,气流从齿唇形成的间隙中摩擦通过。发 h 音的时候,舌面后部隆起接近硬腭和软腭的交界处,形成间隙,气流从形成的间隙中摩擦通过。

了解了发音部位、发音方法,就能够很方便地区分清 f 与 h 了。发 f 声母时,构成阻碍部位是下唇和上门齿;发 h 时,阻碍部位则是舌根和软腭。注意,发 h 声母时,下唇应远离上门齿,处于开口的状态。

> 训练

1. 双音节词训练

飞灰	废话	回访	粉红	繁花	发昏	复活
发挥	伏虎	奋发	焚毁	烽火	返航	浮幻
虎符	活佛	画幅	凤凰	会费	红粉	合肥

公费——工会	废话——会话	发生——花生
方圆——荒原	防地——皇帝	芳草——荒草
摊贩——瘫痪	起飞——起灰	理发——理化
洪湖——洪福	开会——开肺	吩咐——分户
印发——印花	花费——花卉	不凡——不还

2. 绕口令训练

会糊我的粉红活佛，来糊我的粉红活佛，不会糊我的粉红活佛，不要胡糊、乱糊，糊坏了我的粉红活佛。

费家有面粉红墙，粉红墙上画凤凰。凤凰画在粉红墙，红凤凰、黄凤凰，红凤凰看黄凤凰，黄凤凰看红凤凰。粉凤凰、花凤凰，粉红凤凰花凤凰，全都仿佛活凤凰。

黑化肥发灰，灰化肥发黑。黑化肥发灰会挥发；灰化肥挥发会发黑。黑化肥挥发发灰会挥发；灰化肥挥发发黑会发灰。

灰肥混黑肥。黑肥混灰肥黑肥黑又灰，灰肥混黑肥灰肥灰又黑。黑肥混灰肥，肥比黑肥黑；灰肥混黑肥，肥比黑肥肥。

(四) j、q、x 和 z、c、s

有些方言（如吴方言）中保存较多古音。受此影响，部分人发 j、q、x 声母时往往着力点在舌尖部分，使舌尖和上齿背相接触或相接近，听感上 j、q、x 就带有 z、c、s 的色彩，即所谓的"尖音"色彩了。

j、q、x 是舌面音，发音时应该特别注意舌面前部与硬腭前部相接触或相接近，而不是舌尖和上齿龈或上齿背相接触或相接近。

训练

1. 双音节词训练

下策	席子	其次	纤细	缉私	习字
袖子	集资	机器	妻子	心思	鸡丝
资金	私心	司机	死角	思想	思绪
瓷器	自觉	四季	自给	前行	赐教
雄鸡——雄姿		基本——资本		太挤——太紫	
有气——有刺		西方——私方		洗马——死马	
大戏——大肆		气数——次数		发稀——发丝	

2. 绕口令训练

七加一，七减一，加完减完等于几？七加一，七减一，加完减完还是七。

稀奇稀奇真稀奇,麻雀踩死老母鸡,气球碰坏大机器,正月初一挤着赶大集,看到蚂蚁身长七尺七,八十岁的老头儿躺在摇篮里。

锡匠的妻子自己做锡,漆匠的妻子自家做漆。锡匠的妻子心中有气,漆匠的妻子话中有刺。你刺来我气去,你气来我刺去,彼此相互瞧不起。

(五) r 和 l

有些方言区的人发 r 声母的字比较困难,从吴方言区看,存在的主要问题是将 r 读成 l。

发 r 时,舌头前部上举,接近硬腭前端,形成适度间隙,声带振动,气流从间隙中摩擦通过,发出声音。发 l 时,舌尖抵住上齿龈的后部,阻塞气流从口腔中通过的通道,声带振动,气流到达口腔后从舌头跟两颊内侧形成的空隙中通过,发出声音。

读准 r 声母字的关键在于发音时舌尖不能抵住上齿龈,如果稍不留神让舌尖碰到了上齿龈,就会发成 l 声母。

训练

1. 双音节词训练

乳酪	日益	忍耐	热烈	任意	柔嫩	燃料
惹眼	热量	人力	日夜	乳牛	容量	肉眼
例如	内容	仍然	利润	软弱	犹如	连任
纳入	炎热	猎人	怒容	熔炉	炼乳	印染

2. 绕口令训练

老尤买肉绕远路,小刘提油晒被褥。肉油不对老尤的路子,漏油染了小刘的褥子。

日头热,晒人肉,晒得身上好难受。晒人肉,好难受,晒得头上直渗油。

老罗性懦弱,不活络,老郭很活络,不懦弱。老郭老骂老罗太懦弱,老罗老说老郭太啰嗦。老郭不怕老罗说啰嗦,老罗却怕老郭说懦弱。

(六) 零声母

在普通话中,有少量的音节起头位置并没有声母,比如安全的"安 ān",偶像的"偶 ǒu",等等。我们把这种没有声母的现象称为"零声母"。

在念普通话中零声母的字音时,需要借助喉或者舌根、软腭的力量与气流形成一个轻微的摩擦,制造一个"字头"的感觉,以此保证字音的独立性和完整性。

对于绝大多数人而言,零声母的发音要领并不是一个需要后天学习的内容。

在单独念零声母的音节或是以零声母起头的词语时,我们都会无意识地增加一个阻塞或摩擦的感觉。只有在语流中受到前一个字影响的时候,才会因为唇舌运动的不灵活而有所疏忽。因此,只要我们具备一定的意识,在碰到带有零声母音节的词语时稍加注意,便能够很好地完成零声母的发音。

训练

双音节词训练

西安	额外	堤岸	友爱	骨癌	阻碍	机要	激昂
恩爱	企鹅	数额	偶尔	幼儿	谢恩	旅欧	洋溢
孕育	忘我	基因	吸引	永远	气压	企业	遨游
女娲	屋外	新闻	气温	谣言	低微	乙烷	遗忘
须臾	踊跃	医药	愉悦	意韵	万物	威望	汹涌

二、韵母训练

韵母指的是普通话音节声母后面的部分。在普通话中,我们能找出没有声母的"零声母"音节,但是找不出没有韵母的音节。此外,韵母在整个音节的发音过程中占据的时长最长、音色最饱满、声音最响亮,可以说是整个字音中最为重要的一部分。

普通话中共有 39 个韵母,分别是:"a、o、e、i、u、ü、ê、-i(前)、-i(后)、er、ai、ei、ao、ou、ia、ie、ua、uo、üe、iao、iou、uai、uei、an、ian、uan、üan、en、in、uen、ün、ang、iang、uang、eng、ing、ueng、ong、iong"。

如果说声母发音的重点在于快速、准确、清晰,那么韵母发音的重点则是圆润、饱满、响亮。接下来,简单介绍韵母发音中几类容易出现的问题,帮助大家掌握韵母的发音要领。

(一) a 的四种读法

在 39 个韵母中,六个单元音韵母"a、o、e、i、u、ü"的发音最为关键。念好这几个韵母是把所有韵母念准确的基础。而在这六个之中,又以"a"的开口度最大、口腔共鸣最强、声音最响亮,加之在 29 个复合韵母中有 13 个与 a 音有关,因此,念好"a"音可谓是韵母学习的重中之重。

a 在不同的韵母中的发音各不相同,归纳下来,可以分成四种不同的音。

第一种:[A],央低不圆唇元音。舌体位置在口腔正中,发音时口张开,舌体自然放平,舌面中部微微隆起。"a、ia、ua"中的"a"都按这个标准发音。

第二种：[a]，前低不圆唇元音。发音时，舌尖抵住下齿背，使舌面前部隆起与硬腭相对。"ai、uai、an、uan"都按这个标准发音。

第三种：[ɑ]，后低不圆唇元音。发音时，舌头后缩，使舌面后部隆起，舌根微微用力。"ao、iao、ang、iang、uang"都按这个标准发音。

第三种：[æ]，次低前元音。舌体位置在前，开度略小，唇形不圆。它的读音和英语"apple"中"a"的类似。"ian、üan"都按这个标准发音。

训练

1. 双音节词训练

发达	大妈	打靶	哪怕	马达	掐架	画画	大厦	刮花
抬爱	采摘	摔坏	外快	海带	淡然	难关	拍卖	灾害
淘宝	祷告	妖娆	娇俏	商场	苍茫	徜徉	阳光	狂妄
脸面	鲜艳	年前	演员	捐献	原件	渊源	源泉	全选

2. 绕口令练习

韵母绕口令在朗读时，需要将相同、相近或容易混淆的韵母重点突出。由于韵母在一个字音中占据着比声母更长的发音时间，因此，当需要突出韵母的时候，就必须要把字音拉得更长一些，给韵母的发音预留出足够的时间。朗读韵母绕口令时语速要更加慢一些，不仅要把韵母念清楚、念准确，更要把韵母念得圆润、饱满。

一个胖娃娃，抓了三个大花活河蛤蟆，三个胖娃娃，抓了一个大花活河蛤蟆。抓了一个大花活河蛤蟆的三个胖娃娃，真不如抓了三个大花活河蛤蟆的一个胖娃娃。

白艾艾翟奶奶俩人上街做买卖，白艾艾卖劈柴，翟奶奶卖海带，翟奶奶卖了海带买劈柴，白艾艾卖了劈柴买海带，俩人买了海带、劈柴一起又去买口袋和白菜，艾艾帮着奶奶抬，奶奶艾艾笑开怀。

板凳宽，扁担长。扁担没有板凳宽，板凳没有扁担长。扁担绑在板凳上，板凳不让扁担绑在板凳上，扁担偏要绑在板凳上。

一个大嫂子，一个大小子。大嫂子跟大小子比包饺子，看是大嫂子包的饺子好，还是大小子包的饺子好，再看大嫂子包的饺子少，还是大小子包的饺子少。大嫂子包的饺子又小又好又不少，大小子包的饺子又小又少又不好。

男演员，女演员，同台演戏说方言。男演员说吴方言，女演员说闽方言。男演员演远东劲旅飞行员，女演员演鲁迅著作研究员。研究员，飞行员，吴方言，闽方言，你说男女演员演得全不全。

(二) 前后鼻音韵母

鼻韵母由元音和鼻辅音结合而成,元音在前,鼻辅音在后充当韵尾。n尾的鼻韵母,由一个或两个元音与鼻尾音n结合而成,因为n是舌尖中音,发音位置较前,所以这类鼻韵母也称前鼻音韵母(俗称前鼻音)。ng尾的鼻韵母,由一个或两个元音和ng尾音结合而成,因为ng是舌根音,发音位置较后,所以这类韵母也称后鼻韵母(俗称后鼻音)。

鼻韵母共有16个,其中前鼻音韵母有8个,分别是"an、ian、uan、üan、en、in、uen、ün",后鼻音韵母也有8个,分别是"ang、iang、uang、eng、ing、ueng、ong、iong"。

前鼻音韵母in、en和后鼻音韵母ing、eng的发音对南方方言区的学习者来说是一大难点。他们常常不分前后鼻音,常发在前鼻音与后鼻音之间的某个位置。

首先,前后鼻音发音有其共同之处——在发后半段鼻音时都需要关闭口腔通路,使气流进入鼻腔形成鼻腔共鸣。

不同点在于:前鼻音n通过舌尖与上齿龈的接触使口腔形成闭合,发音时气息在通过口腔的时候受到阻碍,继而进入鼻腔,因此鼻音的发音位置靠前,在鼻腔共鸣的同时也伴随着些许口腔共鸣;而后鼻音ng则是通过舌根与软腭的接触关闭口腔通路,气息无法进入口腔而直接进入鼻腔,因此鼻音的发音位置靠后,只有鼻腔共鸣而没有口腔共鸣。

当我们把手指轻轻搭在鼻梁上,能够明显地感觉到,发前鼻音时鼻梁部位稍有震感,而发后鼻音时则有明显的震感。当我们把手紧紧捏住鼻子时,前鼻音还能勉强发音,但后鼻音几乎完全不能发出。

上述发音时口腔的细节差异给我们练习前后鼻音提供了些许窍门。

发前鼻韵母时,我们可以找一些第一个字的韵母是前鼻音、第二个字的声母为"d、t、n、l"的两字词,如"人体""尽量""根底""愤怒"等加以练习,用后一个字的舌尖中音声母给前一个字的前鼻音韵母"定位"。

发后鼻音韵母时,可以找一些第一个字的韵母是后鼻音、第二个字的声母为"g、k、h"的两字词,如"境况""登科""性格""横祸"等加以练习,用后一个字的舌根音声母给前一个字的后鼻音韵母"定位"。

有些方言区的学习者不能区分前鼻音韵母an(包括ian、uan)和后鼻音韵母ang(包括iang、uang)。发音错误的主要原因是在韵尾前面的"a"的开口度和尾韵归音的问题上。an中的a受舌尖韵尾n的影响,发音时舌面位置比较靠前,称为前a,开口要稍小些。而ang中的a受舌根韵尾ng的影响,发音时舌面位置比较靠后,开口度也比较大,称为后 a。学习者在练习时要准确区分 an 和 ang 的发音部位,记住含 an 韵母和含 ang 韵母的常用字,可以根据形声字的声旁类推法,分清含 an 韵母字和 ang 韵母字。

训练

1. 词组训练

真诚	人生	神圣	深层	本性	分明	门铃	申请
进程	民生	亲朋	印证	品行	尽情	心灵	新兴
成本	省份	承认	正门	更新	声音	冷饮	恒心
病人	精神	兴奋	评审	精心	平民	灵敏	倾心
赶场	担当	感伤	赞赏	上班	畅谈	浪漫	房产
红心——红星		轻身——轻声		亲近——清净			
清真——清蒸		陈旧——成就		市镇——市政			
人参——人生		木盆——木棚		战犯——绽放			
新年——新娘		顽固——亡故		余温——渔翁			

2. 绕口令训练

生身亲母亲,谨请您就寝,请您心宁静,身心很要紧。新星伴月明,银光澄清清,尽是清静境,警铃不要惊。您醒我进来,进来敬母亲。

老彭捧着一个盆,路过老闻干活儿的棚,老闻的棚碰了老彭的盆,棚倒盆碎棚砸盆,盆碎棚倒盆撞棚。老彭要赔老闻的棚,老闻要赔老彭的盆,老闻陪着老彭去买盆,老彭陪着老闻来修棚。

真冷、真冷、真正冷,冷冰冰,冰冰冷,人人都说冷,猛地一阵风,更冷。说冷也不冷,人能战胜风,更能战胜冷。

东洞庭,西洞庭,洞庭山上一根藤,藤上挂铜铃。风吹藤动铜铃动,风停藤定铜铃静。

(三) 宽窄复韵母、鼻韵母

复韵母由两个或三个元音组合而成,共有 13 个:ai、ei、ao、ou、ia、ie、ua、uo、üe、iao、iou、uai、uei。复韵母分成三类:

(1) 前响复韵母由两个元音组合而成,共 4 个:ai、ei、ao、ou。发音时由前一个元音的舌位、唇形向后一个元音的舌位、唇形滑动,其中有一个舌位的动程。有些方言中很少有 ai、ei、ao、ou 这类复韵母。说普通话时,这些方言区的人会将 ai、ei、ao、ou 读成单韵母;uai、uei、iao、iou 等复韵母中的 ai、ei、ao、ou 也会产生同样的问题。学习者要克服这个毛病,就要了解前响复韵母的构成及发音的要领,并反复练习。

从听感上辨别,前响复韵母前一个元音清晰响亮,是主要元音,后一个元音相对轻短模糊,是这个韵母的韵尾。它们的发音特点是有一个舌位滑动的过程,即从前一个元音发音的舌位向后一个元音发音的舌位滑动。前响复韵母发音时,舌位由低向高滑动,口形也随之由大到小。掌握了舌位和口形,把握好动程,便能准确读好这几个前响复韵母。读好了 ai、ei、ao、ou,读 uai、uei、iao、iou 也就不难了。

（2）后响复韵母也是由两个元音结合而成,共 5 个:ia、ie、ua、uo、üe。发音时由前一个元音的舌位、唇形向后一个元音的舌位、唇形滑动,前一个元音的发音轻短,后一个元音的发音响亮。

（3）中响复韵母由三个元音结合而成,共 4 个:iao、iou、uai、uei。发音时舌位、唇形依次滑动,动程较长。前一个元音的发音轻短,中间一个元音的发音响亮清晰,最后一个元音的发音短而模糊。其中 iou、uei 和声母相拼构成音节后,书写形式为 iu、ui。

主要元音开口度的大小造成了韵母发音的宽窄对比关系。主要元音开口度大,则宽;主要元音开口度小,则窄。比如 ai 和 ei。ai 的主要元音 a 开口度大;ei 的主要元音 e 开口度相对小。再比如 uan 和 uen。uan 的主要元音 a 开口度大,uen 的主要元音 e 开口度相对小些。两对均为前宽,后窄。

训练

1. 词语训练

败北	外围	老楼	娇羞	嫁接	花朵	排队
快回	到头	郊游	虾蟹	瓜果	带队	造就
内在	鬼怪	柔道	修表	腋下	说话	悲哀
嘴歪	手套	油条	接洽	坐化	栽培	构造
安分	浅近	还魂	眩晕	章程	响应	矿工
版本	烟瘾	传闻	援军	长城	乡情	双龙
伸展	谨严	论断	军犬	正常	营养	虫荒
分担	心眼	混乱	君权	捧场	影像	浓妆

分派——分配　　不怪——不贵　　桃子——头子
治疗——滞留　　夹生——接生　　华人——活人
战事——阵势　　外踝——外环　　海带——海胆

姻缘——阴云　　长度——程度　　降价——镜架
目光——目空　　老汪——老翁　　重击——撞击

2. 绕口令训练

大妹卖小麦,小妹买小麦。小妹嫌太贵,大妹不见怪。
小邱走小桥,小手搂小球。小桥摇又摇,小球掉小沟。
小谢赶鸭子,小夏摘椰子。椰子压了鸭子,鸭子吃了椰子。
小锅不是小瓜,小说不是小刷。刷锅不能说成刷瓜,说锅不能说成说瓜。
长城宽,长城长,长城顶上真清凉。登长城,长城登,登上长城心明亮。
今年村中虫灾重,庄庄地里见蝗虫。只见黄庄一老翁,灭虫手中拿水瓮。

(四) 展唇圆唇韵母

除了宽和窄的对应关系以外,韵母发音还有一个"圆和展"的对应关系。有些韵母在发音时口腔开合大小、舌的运动状态完全相同,仅有靠唇形的差别。其中唇形偏圆的称为圆唇韵母;唇形偏扁的称为展唇韵母。韵母中具备圆展关系的有五对,分别是:e 和 o、i 和 ü、ie 和 üe、ian 和 üan、in 和 ün。前者均为展唇,后者均为圆唇。

这五对韵母可以借用宽窄韵母的练习方式,先掌握其中某一个韵母的发音,保留另一个韵母中的相同部分,再根据"圆展"规律改变不同部分的唇形,以完成另一个韵母的发音。

例如:如果有人唇形偏扁,容易把 üan 发成 ian,那么就可以先把能够念对的 ian 作为基准音,保持韵母其他部分"an"不变,在发"ü"时舌头位置和发"i"相同但唇形略微搓圆,就能比较容易地发出 üan 的读音了。

训练

1. 词语训练

墨盒	合格	播客	叵测	肋膜	折磨	摹刻
异域	奇遇	利率	唏嘘	崎岖	逆旅	急剧
绿地	预期	雨衣	取齐	履历	拘泥	聚集
解决	节约	解约	喋血	灭绝	谐谑	谢绝
演员	缱绻	垫圈	圆脸	田园	衔冤	烟卷
月夜	诀别	决裂	确切	血液	学业	越野
怨言	权变	眷恋	全面	宣言	元件	捐钱
进军	音讯	嶙峋	音韵	阴云	因循	氤氲

寻亲	寻衅	云锦	军印	军心	群心	云鬓
乐意——络绎		客气——阔气		老歌——老锅		
有气——有趣		栗色——绿色		戏言——序言		
夜色——月色		血晕——血晕		截断——决断		
潜力——权力		颜色——原色		事件——试卷		
头巾——投军		新肉——熏肉		红印——鸿运		

2. 绕口令训练

鹅合伙过河,河渡合伙的鹅。合伙的鹅过河,鹅多河阔;河渡合伙的鹅,河阔鹅多。

这天天下雨,体育局穿绿雨衣的女小吕,去找穿绿运动衣的女老李。穿绿雨衣的女小吕,没找到穿绿运动衣的女老李,穿绿运动衣的女老李,也没见着穿绿雨衣的女小吕。

悦悦的爷爷会做鞋,雪雪的爷爷会做靴,悦悦的爷爷为雪雪做皮鞋,雪雪的爷爷为悦悦做皮靴,悦悦雪雪穿着爷爷做的皮鞋皮靴去踏雪。

山前有个严圆眼,山后有个严眼圆,二人山前来比眼。不知是严圆眼的眼圆,还是颜眼圆的眼圆。

三、声调训练

声调是汉语语音系统重要的组成部分,也是汉语有别于其他世界主要语言的最大特色。所以对于非汉语区的人而言,学习汉语最大的困难莫过于念准每一个字的声调了。

声调具有区别词义的重要作用。普通话语音共有四种声调,它们是:阴平(第一声)、阳平(第二声)、上声(第三声)、去声(第四声)。

(一) 声调的分类

阴平(第一声)——这是高平调,调值相当于55。阴平调是普通话四个声调中音高最高的一个,而且自始至终保持同样的音高不变。开始时声带应绷到紧张状态,以保证音调的高度,然后通过气息的支持将这个高音相对稳定地保持到结束。阴平调是四个声调中持续时间较长的调子,要保证一定的时长。

阳平(第二声)——这是中升调,调值相当于35。阳平调是一个逐渐上升的声调。开始声带应不紧不松,由中音起,然后声带逐渐绷紧,音调自然上升,直至最后发出高音结束。最后结束时的音高应与阴平调相同。阳平调是四个声调中时长较短的调子,但不能太过短促。

上声(第三声)——这是降升调,调值相当于 214。上声调是一个先降后升的声调,也是普通话"四声"里唯一一个带拐弯儿的调。开始声带应略松,由中低音起,然后快速放松声带发出最低音,在低音区域稍作停留后再逐渐绷紧声带,快速升至一个较高的音调(高于阳平起始位置但低于阳平结束位置)结束。上声调是四个声调中时长最长的调子,需要较长的时间才能发完整。

去声(第四声)——这是全降调,调值相当于 51。去声调是一个完全下降的声调。开始声带应绷到最紧状态,发出与阴平同样高度的高音,然后快速放松到底,音高也同时下降至最低结束。去声调是四个声调中时长最短的调子,需要快速完成从最高到最低的变化。

(二) 声调发音要领

普通话四声怎么念,相信大多数人都明白。但会念并不意味着都能念规范、念正确。特别在日常说话中,经常会无意识地把四声念得不完整、不标准。简单总结一下四个声调发音过程中可能存在的问题。

阴平(第一声)——作为四个声调中最高的一个调,阴平在发音时对声带和气息的控制要求很高,稍不注意就会发得音调过低,或是无法保持音高,出现前高后低的问题。特别对于东北地区的朋友,在念阴平字音时经常会受到方言的影响出现整体降调或是后半降调的状况。

阳平(第二声)——阳平调的发音,通常会出现两个极端。要么是音调不够高,要么是音调过高。音调不够高可能是整体不到位,也可能是上升的幅度不够;音调过高可能是整体过高,也可能是上升幅度过大。第一类主要是因为发音时不够积极、对音调缺乏重视造成的,第二类则是因为足够重视,反而太过刻意所致。

上声(第三声)——上声调的发音,是四声中最复杂、存在问题最大的。首先,有些人发上声的前半段音调下降时降不下去,字音噎在喉咙里发不出来,这个问题女生比较明显;有些人发上声的后半段音调上升时升不上去,这个问题男生相对多一些;有些人会把上声的下降、上升拆解成两个相对独立的字音,例如将"好"字发成"hǎo'áo"两个音,这主要是在处理降调和升调之间的转换不够自如造成的。

去声(第四声)——去声的发音相对较为简单,比较常见的问题是音的起始位高度不够,进而导致字音下降的幅度不够大、"坡度"不够"陡"、字音不够干脆。这说明在发音时所使用的气息力度不够。

无论四声表现出什么样的问题,归根结底无外乎是两方面的原因。一个是意识问题,对于声调的发音不够重视,没有认真对待;另一个是控制问题,无论是对音域的控制、声带的控制还是气息的控制,都无法做到从容自如,以至于发不出自己想要发出的那个高度和变化。

因此,除了通过声调的练习明确四声发音要领之外,还需要借助呼吸控制、喉部控制的训练帮助朗诵者加强对声调的控制能力。

训练

1. 词语训练

阴平——阳平
包含　　欢迎　　通俗　　晶莹　　汤匙　　贪财　　捏合

阳平——阴平
投机　　年初　　尼姑　　活该　　浑身　　合家　　迭出

阴平——上声
颠簸　　灯火　　悲喜　　斑马　　瑰宝　　丰美　　归省

上声——阴平
脊椎　　美金　　免修　　起飞　　取消　　染缸　　嗓音

阴平——去声
纱罩　　绅士　　深度　　失措　　豌豆　　将近　　私自

去声——阴平
话锋　　叫嚣　　竞争　　竣工　　矿砂　　劣绅　　蜜蜂

阳平——上声
才子　　常委　　答礼　　敌手　　繁琐　　缝补　　截止

上声——阳平
解馋　　砍伐　　口头　　了结　　顶楼　　匹敌　　歹毒

阳平——去声
强化　　前后　　评价　　奴隶　　南宋　　辽阔　　回忆

去声——阳平
讳言　　后勤　　复仇　　大梁　　道德　　触觉　　闭合

上声——去声

海盗　　讲话　　火药　　哄骗　　虎视　　谎报　　酒会

去声——上声

后悔　　就此　　犒赏　　叩首　　掠影　　默许　　劝勉

阴平——阳平——上声——去声

星河璀璨　　山河美丽　　天然宝藏　　资源满地
风调雨顺　　山明水秀　　花红柳绿　　清纯可爱

去声——上声——阳平——阴平

刻骨铭心　　妙语连珠　　妙手回春　　异口同声
破釜沉舟　　痛改前非　　笑口常开　　绿水浮舟

人名——人命　　师范——示范　　开花——开化
同时——同事　　音箱——音像　　拟人——泥人
顶嘴——顶罪　　上海——商海　　游历——游离
合营——合影　　平凡——平反　　一直——一致
早期——早起　　照例——照理　　肇始——肇事

2. 绕口令训练

姥姥捞酪,酪落姥姥老捞;舅舅揪鸠,鸠溜,舅舅又揪鸠;妈妈抹马,马麻,妈妈骂马;妞妞遛牛,牛拗,妞妞扭牛。

黄猫毛短戴长毛帽,花猫毛长戴短毛帽,不知短毛猫的长毛帽比长毛猫的短毛帽好,还是长毛猫的短毛帽比短毛猫的长毛帽好。

娃挖瓦,娃挖蛙,娃挖瓦挖蛙,挖蛙挖出瓦。娃挖蛙,娃挖瓦,娃挖蛙挖瓦,挖瓦挖出蛙。

时时注意,政治时事,事事报导,绝不失实,重大史实,写成史诗,可贵之处,实事求是。

(三) 古入声字的变化

现代汉语普通话的声调是从古汉语声调演变而来的,并且沿用了古汉语调类的名称。古汉语也是四个声调,但和现在的"阴、阳、上、去"稍有不同,阴平和阳平统称为"平声",另外还多了一个"入声"。进入元代以后,随着各民族的不断融合,汉语语音也开始逐渐进化,并最终形成了现代汉语普通话"阴、阳、上、去"四个声调。

即便在官话（包括后来的国语、普通话）中取消了入声，原本的入声字也分别归入了阴平、阳平或上声的读音。但在多数南方地区——如福建、广州、上海、苏州、南京、太原等地的方言中，依然保留着这种古老的汉语声调。

对于学习朗诵者来说，了解古入声字能够帮助自己更好地理解一些古代诗词作品的平仄关系。入声是一个"短促急"的小降调，在平仄关系中和上声、去声一同归为"仄声"。在李清照名篇的《声声慢》中就存在大量的入声字：

寻寻觅觅，冷冷清清，凄凄惨惨戚戚。乍暖还寒时候，最难将息。三杯两盏淡酒，怎敌他、晚来风急！雁过也，正伤心，却是旧时相识。　　满地黄花堆积，憔悴损，如今有谁堪摘？守着窗儿，独自怎生得黑！梧桐更兼细雨，到黄昏、点点滴滴。这次第，怎一个愁字了得！

词中加点的"戚""息""积""摘""黑""滴"都是阴平第一声，而"敌""急""识""得"都是阳平第二声，在诗词中都属于"平声"，但从《声声慢》这个词牌的平仄关系上来看，这些位置看应当是"仄声"。之所以出现这种"差错"，正是因为这些字的古音都念"入声"。只有在了解入声原理的前提下再去朗诵这首词，才会知道应当如何去处理这些入声字，使之符合这首词的平仄关系，展现其中的音韵之美。

入声的读法，对于方言中这个声调消失了的人来说，确实很难掌握，而对于方言中依然保留入声的人来说，只要用方言来念一下这个字，就"一切尽在不言中"了。

然而，尽管方言中的入声能帮助更好地诠释古诗词，但当我们需要将这些字念成规范的普通话时，同样可能会受到方言读音的影响，而念不准这些字的声调。

下面，罗列出部分已改为其他声调的古入声字，读者想想，自己在念的时候，是否会把这些字的声调念得短促、急收。

训练

1. 入声→阴平

八	擦	插	吃	出	答	搭	滴	发	鸽	割	刮	郭	喝	黑
忽	击	积	接	磕	摸	捏	拍	劈	泼	扑	七	掐	切	屈
杀	失	湿	叔	刷	说	踢	贴	托	脱	挖	屋	吸	息	析
悉	瞎	歇	削	压	押	鸭	一	约	咂	摘	只	桌	作

2. 入声→阳平

| 拔 | 白 | 薄 | 鼻 | 别 | 博 | 伯 | 察 | 达 | 得 | 德 | 迪 | 敌 | 笛 | 叠 |
| 碟 | 毒 | 读 | 夺 | 踱 | 额 | 伐 | 乏 | 佛 | 弗 | 服 | 福 | 阁 | 格 | 革 |

隔 国 合 盒 核 滑 及 吉 急 集 频 节 结 局 菊
决 觉 绝 爵 壳 没 膜 枇 勺 舌 十 石 食 熟 俗
习 席 侠 协 学 杂 砸 责 贼 闸 宅 折 啄 族 昨

3. 入声→上声

笔 百 北 癖 撒 匹 朴 抹 法 笃 塔 铁 帖 撒 索
嘱 眨 窄 尺 蜀 属 辱 给(jǐ) 甲 缴 乞 曲 雪 血
骨 谷 葛 渴 恶 乙

4. 入声→去声

必 壁 毕 碧 不 迫 魄 僻 曝 末 莫 默 麦 没 脉
秘 密 觅 灭 蒇 木 幕 目 复 缚 的(dì) 踏 蹋 纳 粒
讷 匿 逆 涅 聂 孽 诺 虐 辣 腊 肋 乐 力 立 侧
历 列 猎 岁 鹿 录 陆 六 落 律 率 掠 秩 作 质 浙
策 册 促 簇 萨 瑟 畜 塞 肃 速 宿 凤 秩 质 述 术
祝 斥 赤 彻 撤 热 肉 入 辍 式 室 适 设 寂 迄 恰
束 朔 蝉 日 确 鹊 雀 隙 吓 若 弱 剧 倔 续 各 液 客 括
契 窃 妾 鹤 恶 厄 亦 易 泄 屑 益 翼 克 叶 页 业
扩 赫 或 获 域 浴 育 月 悦 绎 药 跃 粤 钥

四、音变训练

经过声母、韵母、声调的学习，基本能将普通话中每一个字的发音准确掌握。但是，朗诵不仅仅是"见字发声"，光会"念字"而不会"用字"——将汉字置于词语、句子、段落、篇章之中去理解、把握、诠释——依然等同于不会说普通话。

一个人如果生活在荒岛上，他自然可以自行其是、我行我素，但倘若是和其他人一同生活在社会之中，他就必须要考虑身边的各种关系——亲属关系、邻里关系、同事关系……并对自己的言行举止加以约束、调整，以使自己能够在关系网中保持和谐。

汉字的读音同样如此。人们在说话或朗读的时候，语流中的音节相互之间会受到影响，产生一些语音的变化，这就是普通话语音的音变。

在普通话中，最典型的语流音变现象有以下几种：轻声、儿化、变调，以及语气词"啊"的变化。其中变调又可以细分为上声（第三声）的变调，"一"和"不"的变调。

(一) 轻声

普通话的每一个音节都有一定的声调,但是在词或句子里,有的音节常常失去原有的声调而读成又轻又短的调子,这就是轻声。轻声不是普通话四种声调以外的另一类声调,而只是一种语流当中的音变现象。

学习轻声,很重要的一点就是识读轻声。也就是说要知道哪些词是轻声,哪些词不是轻声,哪些词在什么样的场合应当读作轻声。一旦出现了误判,必定会影响词句的意义。

一般而言,我们可以将轻声出现的规律分为以下几类:

(1) 语气词"啊、吧、吗、呢"等。如:说啊、去吧、走吗、谁呢。
(2) 结构助词"的、地、得"。如:我的、慢慢地、跑得快。
(3) 时态助词"着、了、过"。如:唱着、走了、去过。
(4) 名词后缀"们、子、头"。如:你们、桌子、木头。
(5) 重叠名词的后个音节。如:妈妈、弟弟、星星。
(6) 动词的尝试态。如看看、走走、想想。
(7) 表示趋向、方位的字。如:出去、过来、手上、家里。
(8) 量词"个"。如:一个、两个、三个。

轻声虽然失去了原有的声调,但也并非意味着轻声就没有音高差异。尽管由于读音长度的缩短而使得轻声无法体现出明显的上升或下降的调势,但轻声音调的高低却是客观存在的。只是这个音高不由自己原本的声调来决定,而是由前一个字的声调来决定。具体规律为:

(1) 当前面一个音节的声调是阴平、阳平、去声的时候,后面一个轻声音节的调形是短促的低降调、调值为 31,如桌子、石头、护士。
(2) 当前面一个音节的声调是上声的时候,后面一个轻声音节的调形是短促的半高平调,调值为 44,如耳朵、打听、首饰。

读者在练习时,可适当延长前一音节的长度,顺势落到后一个音节,带有附点感,特别要注意的是,轻声不是一味地轻,轻得连韵母也没有,其实,轻声的特点主要是短,其次是低。

训练

1. 词语训练

阴平+轻声

| 衣服 | 帮手 | 先生 | 牲口 | 知识 | 窗户 | 庄稼 |
| 机灵 | 答应 | 接着 | 功夫 | 休息 | 知识 | 风筝 |

阳平＋轻声

| 白净 | 朋友 | 名字 | 学问 | 神甫 | 麻烦 | 除了 |
| 粮食 | 糊涂 | 便宜 | 凉快 | 盘算 | 头发 | 棉花 |

去声＋轻声

| 素净 | 唾沫 | 别扭 | 砚台 | 钥匙 | 硬朗 | 做作 |
| 凑合 | 壮实 | 顺当 | 亲家 | 炮仗 | 阔气 | 舅母 |

上声＋轻声

| 打发 | 晚上 | 嘴巴 | 底下 | 老实 | 脊梁 | 伙计 |
| 口袋 | 马虎 | 委屈 | 眼睛 | 牡丹 | 使唤 | 属相 |

2. 区别词性或词义的轻声

地方 dì·fang（部分；某一区域，空间的一部分，部位）

地方 dìfāng（与中央相对的行政区；本地，当地）

合计 hé·ji（盘算；商量）

合计 héjì（合在一起计算，总共）

呼噜 hū·lu（鼾声）

呼噜 hūlū（象声词）

精神 jīng·shen（活力；活跃，有生气）

精神 jīngshén（指意识、思维和心理状态；宗旨）

开通 kāi·tong（不守旧，不固执；使开通）

开通 kāitōng（使原来闭塞的不闭塞；交通、通讯等线路开始使用）

口音 kǒu·yin（说话的声音；方音）

口音 kǒuyīn（相对鼻音而言，从口腔出来的声音）

利害 lì·hai（难以对付或忍受，剧烈，凶猛）

利害 lìhài（利益和损害）

男人 nán·ren（丈夫）

男人 nánrén（男性的成年人）

女人 nǚ·ren（妻子）

女人 nǚrén（女性的成年人）

千斤 qiān·jin（千斤顶的简称；机器中防止齿轮倒转的装置）

千斤 qiānjīn(指责任重)

人家 rén·jia(别人;指某人;指"我",有俏皮或亲热意味)

人家 rénjiā(住户;家庭;指女子未来的丈夫家)

文气 wén·qi(文静,不粗野)

文气 wénqì(贯穿在文章里的气势)

星星 xīng·xing(夜晚在天空中闪烁发光的天体)

星星 xīngxīng(细小的点儿)

兄弟 xiōng·di(弟弟;亲切称呼年龄比自己小的男子;谦称自己)

兄弟 xiōngdì(哥哥和弟弟)

造化 zào·hua(福气,运气)

造化 zàohuà(自然界的创造者,也指自然;创造,化育)

丈夫 zhàng·fu(妻子的配偶)

丈夫 zhàngfu(成年男子)

自然 zì·ran(不勉强;不局促;不呆板)

自然 zìrán(自然界;自由发展;表示理所当然)

3. 绕口令训练

葫芦胡同胡老五,晚上睡觉打呼噜。睡到半夜一糊涂,隔着窗户掉外头。护着屁股不护头,搬了块砖头当枕头。呼噜呼噜接着睡,一觉迷糊到正晌午。

屋子里面有箱子,箱子里面有匣子,匣子里面有盒子,盒子里面有镯子。镯子外面有盒子,盒子外面有匣子,匣子外面有箱子,箱子外面有屋子。

(二) 儿化

儿化也是普通话中一个典型的语流音变现象。指的是将"儿(er)"同它前面的韵母结合起来后失去了独立性,"化"到前一个卷舌动作,使两个音节融为一体,并或多或少改变原来韵母的读音而形成的一种卷舌韵母。

儿化作为汉语普通话中的一种典型的音变现象,是在长期、快速和流利的口语中产生的。它普遍存在于多数北方地区的方言中。但在南方方言中却极少出现儿化韵。因此,它也是除前后鼻音外又一个南方人学习普通话语音的难点。

和轻声一样,儿化同样也有区别词性或词义的作用。例如动词"盖"加上儿化便成了名词"盖儿",形容词"弯"加上儿化就成了名词"弯儿";"头"和"头儿""加油"和"加油儿",有没有后缀的"儿"意思完全不一样。

除此之外,儿化还有表示"小""少""可爱""亲切"的意思。例如"棍儿"和"棍"相比体积明显小了很多,"鸟儿"和"鸟"相比,明显亲切了许多。

同样儿化词也不限于双音节词语,单音节占的比例还不少,如"班""刺""点""份""干(gān)""花""尖""口"……这些字都会随着语句含义的变化而出现儿化的读音。

另外,不同于轻声,儿化并不是一定作用于两字词的后一个字上。有的时候也会出现前一个字带儿化韵的情况。例如"玩儿命""片儿汤""板儿车"等,儿化都出现在了前一个字上。

儿化的念法,要比轻声复杂许多。它主要取决于这个字字尾发音的情况。下面我们将分门别类地介绍儿化的发音规律。

(1) 韵腹或韵尾是"a""o""e""u"的韵母儿化,原音素基本不变,只要在发该音素或该韵母时带上卷舌动作。例如:

a-ar:(刀把儿)　　　　　　　ia-iar:(木匣儿)
ua-uar:(小花儿)　　　　　　o-or:(粉末儿)
uo-uor:(干活儿)　　　　　　ao-aor:(牌号儿)
iao-iaor:(跑调儿)　　　　　e-er:(山歌儿)
ie-ier:(树叶儿)　　　　　　üe-üer:(主角儿)
u-ur:(水珠儿)　　　　　　　ou-our:(裤兜儿)
iou-iour:(棉球儿)

(2) 韵尾是"i"的韵母儿化,儿化后韵尾失落,变成在主要元音(韵腹)上加卷舌动作。例如:

ai-ar:(瓶盖儿)　　　　　　　ei-er:(宝贝儿)
uai-uar:(一块儿)　　　　　　uei-uer:(麦穗儿)

(3) 前鼻音韵母儿化时,失落了韵尾"n",在主要元音(韵腹)上加卷舌动作。例如:

an-a-ar:(同伴儿)　　　　　　ian-ia-iar:(笔尖儿)
uan-ua-uar:(好玩儿)　　　　üan-üa-üar:(圆圈儿)
en-e-er:(寻根儿)　　　　　　uen-ue-uer:(小棍儿)
in-i-ier:(鼓劲儿)　　　　　　ün-ü-üer:(合群儿)

(4) 后鼻音韵母的儿化,韵尾同前面的主要元音(韵腹)合成鼻化元音,同时加上卷舌动作。例如：

ang：(帮忙儿)　　　　　　　　iang：(模样儿)

uang：(竹筐儿)　　　　　　　eng：(头绳儿)

ing：(挂名儿)　　　　　　　　ueng：瓮儿

ong：(抽空儿)　　　　　　　　iong：(小熊儿)

(5) 韵母是"i""ü"的儿化，在原来的韵母之后加上"er"，"e"成为韵腹，读的时候响亮一些，长一些。例如：

i-ier：(茶几儿)　　　　　　　ü-üer：(毛驴儿)

训练

1. 词语训练

1 类：

板擦儿　号码儿　挨个儿　饱嗝儿　挪窝儿　油沫儿　碎步儿　靠谱儿

掉价儿　豆芽儿　画画儿　牙刷儿　农活儿　拉锁儿

豆角儿　掌勺儿　火苗儿　小调儿　台阶儿　树叶儿

丑角儿　木橛儿　说投儿　死扣儿　加油儿　足球儿

2 类：

挂牌儿　小孩儿　加塞儿　刀背儿　小辈儿　宝贝儿

乖乖儿　一块儿　开怀儿　奶嘴儿　串味儿　一会儿

3 类：

快板儿　脸蛋儿　调门儿　刨根儿　脚印儿　背心儿　合群儿　口讯儿

差点儿　扇面儿　茶馆儿　服软儿　小院儿　垫圈儿　打盹儿　拐棍儿

4 类：

帮忙儿　粉肠儿　门缝儿　头绳儿　酒盅儿　小葱儿　板凳儿

人影儿　眼镜儿　鼻梁儿　小样儿　亮光儿　蟹黄儿　小熊儿

5 类：

小米儿　茶几儿　心气儿　书皮儿　小曲儿　小鱼儿　毛驴儿　痰盂儿

枪子儿　挑刺儿　戏词儿　咬字儿　顶事儿　消食儿　高枝儿　墨汁儿

2. 区别词性或词义的儿化

八成 bāchéng(r)(多半，大概)

八成 bāchéng(十分之八)

宝贝 bǎobèi(r)(对小孩的爱称)
宝贝 bǎobèi(珍奇的东西;无能或奇怪荒唐的人)

接头 jiē·tóur(两个物体的连接处)
接头 jiētóu(使两个物体连接起来;接洽,联系;熟悉某事的情况)

长短 chángduǎn(r)(长度)
长短 chángduǎn(意外的灾祸、事故;是非,好坏)

吹风 chuīfēng(r)(有意透露意向或信息使人知道)
吹风 chuīfēng(被风吹,身体受风寒;洗发后,用吹风机吹,使头发干而服帖)

大小 dàxiǎo(r)(指大小的程度)
大小 dàxiǎo(辈分的高低;大人和小孩儿;大的和小的)

发火 fāhuǒ(r)(发脾气)
发火 fāhuǒ(开始燃烧;子弹、炮弹的底火经撞击后火药爆发)

管事 guǎnshì(r)(管用)
管事 guǎnshì(负责管理事物;旧称企业单位或富人家管总务的人)

火星 huǒxīng(r)(极小的火)
火星 huǒxīng(太阳系八大行星之一)

加油 jiāyóu(r)(比喻进一步努力,加劲儿)
加油 jiāyóu(添加燃料油、润滑油等)

老婆 lǎopór(年老的妇女)
老婆 lǎo·po(妻子)

枪眼 qiāngyǎn(r)(枪弹打的洞)
枪眼 qiāngyǎn(碉堡或墙壁上开的供向外开枪射击的小孔)

手心 shǒuxīn(r)(比喻所控制的范围)
手心 shǒuxīn(手掌的中心部分)

3. 绕口令训练

有个小孩儿叫小兰儿,挑着个水桶上庙台儿,摔了个跟头捡了个钱儿。又打醋,又买盐儿,还买了一个小饭碗儿。小饭碗儿,真好玩儿,没有边儿,没有沿儿,中间有个小红点儿。

进了门儿,倒杯水儿,喝了两口运运气儿,顺手拿起小唱本儿,唱一曲儿,又一曲儿,练完了嗓门儿练嘴皮儿,绕口令儿,练字音儿,小快板儿,大鼓词儿,又说又唱真带劲儿。

(三)上声的变调

上声在阴平、阳平、上声、去声前都会产生变调,读完全的上声原调的机会很少,只有在单念或处在词语、句子的末尾才有可能读原调。

(1)上声在阴平、阳平、去声、轻声前,丢掉后半段"14"的上升调,调值由214变为半上声的211。例如:

  颈椎 井喷 马车(在阴平前)
  井然 改革 祖国(在阳平前)
  井架 窨汨 景色(在去声前)
  斧子 姐姐 耳朵(在轻声前)

(2)两个上声相连,前一个上声的调值变为35。例如:

  警醒 脚底 手掌 展览 海水
  友好 选举 水准 老虎 美好

(3)三个上声相连的变调,我们需要具体分析这个词语中各音节的关系结构,再决定如何变调。

例如:"纸老虎"中"老虎"两字关系更紧密,词语结构是"单双格",因此开头音节"纸"读作半上,调值变为211,当中音节——"老"按两字组变调规律变为35,也就是说这三个音节的声调读作"半上、阳平、上声"。

而"展览馆"中"展览"两字关系更为紧密,词语结构是"双单格",因此,开头、当中的上声音节——"展""览"调值变为35,跟阳平的调值一样,也就是说这三个音节的声调读作"阳平、阳平、上声"。

训练

1. 词语训练

(上声+阴平)

| 把关 | 保温 | 导师 | 点播 | 海滨 | 火光 | 酒家 |
| 省心 | 马蜂 | 摆脱 | 起兵 | 请安 | 闪光 | 火车 |

(上声+阳平)

| 贬值 | 齿轮 | 导读 | 倒台 | 抵达 | 典籍 | 耿直 |
| 旅行 | 几何 | 凯旋 | 苦寒 | 导游 | 朗读 | 险情 |

(半上＋去声)

| 惨烈 | 广大 | 打造 | 感谢 | 讨论 | 稿件 | 火爆 |
| 简化 | 解放 | 紧凑 | 举办 | 口气 | 企业 | 眼力 |

(上声＋上声)

| 绷脸 | 补养 | 母语 | 导演 | 古典 | 反响 | 海岛 |
| 简短 | 表演 | 好手 | 虎口 | 俚语 | 请柬 | 甲板 |

(三上连读)

总导演　　老首长　　搞演讲
导演组　　首长好　　演讲稿

2. 语句训练

我感到自己并不矮谁一等,可不知怎么,一走进里头,就腼腆得像滚水洗过脸蛋一样,热乎乎的,语言没有了,想法也没有了,别说要做选举前的演讲,就是那一双手,也一直在那儿一个劲儿地抖抖,亏得大家对我挺友好,掌声不断,于是我勇敢地走上了舞台。

(四) "一""不"的变调

"一"和"不"都是古汉语中的"入声"字,在普通话中本调分别是阴平和去声。当这两个字单念,或出现在词句末尾的时候,以及"一"作为序数词出现的时候,都念原本的声调。例如:"一""不""一大会址""统一""我不""决不"。但如果出现在词语的前面时,会根据后一个音节的声调产生变调。

"一"和"不"的变调规律如下:

当后一个音节声调为非去声时,"一"和"不"都念去声。例如:

　　　　　　一双　一群　一组
　　　　　　不知　不明　不想

当后一个音节声调为去声字时,"一"和"不"都念阳平。例如:

　　　　　　一个　一对　一摞
　　　　　　不愿　不顾　不测

此外,"一""不"在三音节词中轻读。例如:

　　　　　　走一走　瞧一瞧　聊一聊
　　　　　　走不走　瞧不瞧　聊不聊

在所有的音变现象中,"一""不"的变调应该是最简单的,变调的规律不复杂,并且在日常生活中几乎都不会念错,属于凭习惯就能掌握的音变现象。

训练

1. 词语训练

("一"+非去声字)

一边　一发　一经　一身　一天　一些　一张
一同　一起　一排　一人　一时　一头　一直
一伙　一举　一脸　一早　一体　一统　一准

("一"+去声字)

一半　一旦　一概　一定　一路　一切　一色
一束　一味　一向　一线　一样　一阵　一致

("不"+非去声字)

不安　不单　不公　不羁　不禁　不兴　不依
不白　不才　不迭　不仁　不祥　不时　不宜
不齿　不法　不管　不仅　不可　不已　不止

("不"+去声字)

不必　不错　不断　不论　不日　不善　不致
不但　不对　不够　不妙　不胜　不用　不意

(随机训练)

一本　一头　一壶　一站　一盏　一道　一瓶　一桌　一家　一枝
不全　不开　不利　不理　不会　不动　不哭　不闹　不说　不笑
一夜　一窗　一床　一眼　一块　一篇　一片　一万　一碗　一腿
不足　不念　不凡　不犯　不睡　不唱　不厌　不演　不懂　不妨
不说　不屑　不写　一堆　不忍　一统　不讳　一瞬　不便　一层

(四字词训练)

一尺一寸　一心一意　一笔一画　　一生一世　一词一句　一左一右
一前一后　一时一刻　一来一去　　不三不四　不干不净　不伦不类
不闻不问　不紧不慢　不冷不热　　不肥不瘦　不明不暗　不折不扣

2. 语句训练

王老汉手里拿着一根不长不短的鞭子,赶着一辆不新不旧的车子,载着不多不少的柿子,一路上哼着不高不低的调子,走进了一个不大不小的寨子。

(五) 语气词"啊"的音变

"啊"是一个非常特殊的零声母音节。作为叹词,它通常出现在句首或是独立成句,用以表达强烈的感情。同时它又可以作为语气助词出现在句尾,用以加强语句的情感。

语气词"啊"的音变,主要受它前面那个音节末尾音素的影响,从而产生连读音变。

"啊"的音变规律如下:

1. 前面的音素是 a、o(ao、iao 除外)、e、ê、i、ü 时,念 ya(汉字可写作"呀")

快叫住他啊!

请坐啊!

来唱歌啊!

今天过节啊!

一起做游戏啊!

这可真有趣啊!

2. 前面的音素是 u(含 ao、iao)时,念 wa(汉字可写作"哇")

有家小店铺啊!

买件外套啊!

好厚的布料啊!

3. 前面的音素是 n 时,念 na(汉字可写作"哪")

一片真心啊!

真心一片啊!

加油干啊!

4. 前面的音素是 ng 时,念 nga(只能写作"啊")

你真行啊!

什么事都能做成啊!

榜样的力量无穷啊!

5. 前面的音素是【-i】(zhi、chi、shi、ri 的韵母)、er 或儿化韵时,念"ra"(只能写作"啊")

年小有志啊!

人民的好女儿啊!

就是一个劲儿啊!

6. 前面的音素是【-i】(zi、ci、si 的韵母)时,念【z】a(只能写作"啊")

你可真自私啊!

有鱼刺啊!

我在写字啊!

训练

1. 读音

(ya)

| 来啊 | 去啊 | 马啊 | 驴啊 | 蛇啊 | 雨啊 | 水啊 |
| 飞啊 | 追啊 | 拉啊 | 拖呀 | 拽啊 | 踹啊 | 拍啊 |

(wa)

| 走啊 | 跑啊 | 逃啊 | 跳啊 | 找啊 | 瞧啊 | 瞅啊 |
| 兔啊 | 虎啊 | 鹿啊 | 鼠啊 | 猪啊 | 牛啊 | 狗啊 |

(na)

| 人啊 | 神啊 | 仙啊 | 金啊 | 银啊 | 山啊 | 林啊 |
| 船啊 | 舰啊 | 天啊 | 云啊 | 昏啊 | 暗啊 | 阴啊 |

(nga)

| 风啊 | 浪啊 | 重啊 | 轻啊 | 红啊 | 肿啊 | 疼啊 |
| 虫啊 | 龙啊 | 熊啊 | 象啊 | 狼啊 | 鹰啊 | 鲸啊 |

(ra)

| 白纸啊 | 戒尺啊 | 新诗啊 | 棍儿啊 | 管儿啊 |
| 手指啊 | 猛吃啊 | 不值啊 | 伴儿啊 | 印儿啊 |

(za)

| 鞋子啊 | 袜子啊 | 裤子啊 | 裙子啊 | 帽子啊 |
| 填词啊 | 青瓷啊 | 恩赐啊 | 土司啊 | 读词啊 |

(自由练习)

祖国啊	战斗啊	青春啊	奉献啊	努力啊
学习啊	棱儿啊	上街啊	跑步啊	游泳啊
踢球啊	吃饭啊	自私啊	事实啊	缝儿啊
更改啊	边远啊	一打啊	优越啊	瓶儿啊
筐儿啊	喝茶啊	真累啊	好苦啊	值得啊

2. 语句训练

　　下雪了,雪下得真大,雪花儿像鹅毛一样从天上飘下来,落在山上、田野上、房子上、大树上,盖上一层,又盖上一层,全是白茫茫的了。

　　外边儿静悄悄的,行人很少。

　　雪停了,太阳出来了。太阳光照在树上,亮得耀眼。山啊、田野啊、房子啊、大树啊,全变了样儿了,都穿上了白色外衣。

　　校旁那两座小塔,都戴上了顶白帽子,比平常更好看了。

　　下课后,同学们都到院子里来了。大家滑雪、扔雪球儿、堆雪人儿。他们的脸跟鼻子都冻得红红的,可还是玩得很起劲儿。

第三章
朗诵的基本功

朗诵,是由书面语言转换为有声语言的口语艺术活动,目的是借助有声语言将书面语言的内容富有情感地传递给听众。为了达到这个目的,朗诵时不仅仅要做到"音准"——能够准确地使用规范的普通话来诵读词句,还要做到"声美"——能够自如地运用科学的发声方法来美化音色。唯有同时具备这两方面的能力,才能够准确而动听地"还原"文本内涵所蕴藏的真实情感。因此,在完成普通话语音相关知识的学习之后,必须也要系统学习科学的发声方法。

从人体生理学的角度看,发声,就是由大脑发布指令,借助呼吸肌群控制气息自肺向气管、喉运动,使声带振动发出基音,继而借助空气的同步振动将基音传至咽腔、口腔、鼻腔、胸腔形成共鸣,将基音扩大并美化的整个过程。

好的声音是一切语言艺术的基础。如果将一篇精彩的朗诵作品比作一串价值连城的翡翠珠链,那么准确的字音就好似项链中的一颗颗通透润泽的珠子,而动听的音色便是用来制作这些翡翠珠子的原石。倘若原石本身存在瑕疵,那即便打磨的工艺再高超,用次等珠子做成的项链也终究不是上品。

然而,不同于玉坯原石的是,声音的好坏不仅仅取决于先天的发声器官的优劣,后天的努力同样占据着重要的作用。有的人天生音色百里挑一,因为不当的用声习惯而劣化了自己的音质;有的人嗓音条件平平,却因为掌握了科学的用声方法而发出美妙的声音。

因此,学习正确的声音运用的要领,也是学习朗诵的重要基础之一。

第一节 气 息

俗话讲:"气乃音之帅""气动则声发"。气息好比是声音的"原动力"。气,是吐字清晰的动力,是语句连贯的基础,是声音富于弹性的来源。

著名戏剧家黄佐临说过:"话剧演员所珍贵的,就在于这口'气'。这口'气'怎么用,用得好,这里有着很大的学问,有着很高的艺术。"话剧如此,朗读、朗诵亦是如此,因此必须掌握呼吸的技巧,使声音的动力强劲起来,从而派上朗诵的用场。

一、呼吸器官与呼吸原理

呼吸器官主要由呼吸道、肺等几部分组成,它们成为一个统一的联合体,在人的意识控制下,使呼吸沿着一定的路线进行:

(吸) ⟷ 口、鼻 ⟷ 咽腔(口咽、鼻咽) ⟷ 喉咽 ⟷ 喉 ⟷ 气管 ⟷ 支气管 ⟷ 肺(泡) ⟷ (呼)

气息虽然是沿着呼吸通道进行运动的,但促使它运动的呼吸器官不仅这些,像胸腔、胸廓及膈肌、腹肌等与它们一起构成了一个统一的联合体。

人体呼吸主要借助的是胸腔及胸腔以上的诸多器官,似乎与腹腔关系不大。然而,中国民族声乐及传统戏曲、曲艺艺术中,则要求使用"丹田气"。包括时下流行的健康养生、瑜伽健身领域,都要求把气"吸入丹田"。

那么丹田优势在哪里呢?按照认可度比较高的说法,人体共有三个丹田。眉心正中为上丹田、双乳之间为中丹田、脐下三指为下丹田。而与我们呼吸相关的则是指下丹田。在中国气功界一直有"意守丹田"的说法,就是指将注意力聚焦于人体的下丹田,进行呼吸吐纳,从而达到思想集中、呼吸均匀、心境平和、意气合一的境界。

那么到底应该把气吸入胸腔的肺里,还是腹腔的丹田里呢?要说清这个问题,有必要介绍在呼吸运动中起着非常大作用的一个人体器官——横膈膜。

横膈膜也叫膈肌,是肺部下面横向生长的一层肌肉膜,它像一个大盘子一样平放在人体的胸腔与腹腔中间,起到分隔胸腹腔体的作用。

横膈膜具有弹性,因此它也有着调解胸腔和腹腔容积的作用。当我们深吸气时,空气进入肺部,肺泡全部打开,肺部体积变大。这时横膈膜就会相应下降,使胸腔容积增大,为肺提供足够的空间。当我们逐渐将肺部的气息吐出时,肺泡收缩,肺部体积缩小,横膈膜相应抬升,胸腔容积恢复原本大小。

这,就使得呼吸和腹部运动有了关联。当横膈膜下降、胸腔容积增加的同时,腹腔容积相应变小,腹部各器官便会受到挤压,进而向外鼓起。也就是说,所谓的"气沉丹田"或是"把气吸进肚子里",指的就是在吸气时,横膈膜下降,下腹部微微鼓起并保持紧张的状态。中国传统的呼吸方法与现代科学是完全一致的。

在日常生活中,人们正常说话、换气,消耗的空气不多,对于呼吸方法基本没有要求。然而,在一些特定情况下,如体育运动,或是朗读朗诵,就会对气息提出更高的要求。

二、朗诵对气息的要求

朗诵对气息的要求,主要体现在三个方面。

(一) 进气饱满充沛

首先是对进气量的要求。相比日常谈话,朗诵需要更加充沛的气息,以确保朗诵中的每一个语句——无论长句还是短句、高喊还是低吟、实声还是嘘声,都能持续不断地获得气息的支撑。

如果缺乏扎实的气息支撑,朗诵的句子就会前重后轻,前明后喑。甚至出现断句换气频繁,句子结构凌乱,语意传达不清;抑或声嘶力竭,气弱声衰的状况。这样不但损伤发声的生理器官,还会影响共鸣,从而降低表达的质量,更达不到审美的要求。

因此,在朗诵时,一定要吸气吸得多、吸得深,确保体内始终有足够的气息去吐字发声、表情达意。特别是在句与句之间的换气、词组与词组之间的偷气时,也要尽可能保证进气充足,为下文中可能出现的长句、难句、复杂句的朗诵做好完全准备。

(二) 出气稳定持久

在确保呼吸时进气量的基础上,朗诵对气息的呼出有着更高的要求。首先,送气要稳,保证句子中的每一个字、每一个词都能保持同样的气息强度。

日常说话对气息没有什么特别的要求,因此总是习惯将注意力放在说话的内容上,而不会对呼吸有多少关注,呼吸完全处于自然状态。在这种情况下,当说长句子的时候,常常会碰到前半句话比后半句话音量大、力度强,越往后声音越弱的情况。

这在说话的时候并没有什么问题,不会影响正常交流。但作为朗诵者站在舞台上的时候,这种状态却是完全不被允许的。作为一种面向公众的语言艺术传播手段,朗诵要求朗诵者把每一个字、每一个词、每一句话清晰、饱满、有力地送到听众的耳中。这就要求朗诵者呼气时用力均匀、持久稳定,具备一定的控制能力。

(三) 运用变化自如

朗诵文本的内容丰富多彩,朗诵者的情感亦有浓淡之别,声音形式自然不能一成不变。有些内容为体现一个层次的整体感,需要一气呵成;有些段落意味深长,需要声断气连；有的稿件要显现较强的节奏感，需要快而不乱；有些内容又要求朗诵者或"遏云响谷"或"润物细无声"。朗诵者必须要根据作品中内容、情感、节奏的变化灵活调整气息的运用，继而使语音呈现出丰富的变化。

而这，就对气息的运用提出了更高的要求——不仅要有持久稳定的控制力，还要有灵活多变的控制力。根据语意文字的细微差别，用气息的强弱带动声音高低、轻响、明暗、虚实的变化，进而使文本、声音、情感三者达成高度统一。

因此，在运用气息的时候，不仅要做到持久稳定，更要做到变化自如，只有达到这样的控制状态，才能保证艺术语言传达时声音的基本美感。

三、不同的呼吸方法

人体呼吸，可分为胸式呼吸、腹式呼吸和胸腹式联合呼吸。

（一）胸式呼吸

胸式呼吸的特征是：吸气时肩膀上升、锁骨上提、前胸鼓起，部分人还有腰腹收束的动作。因为是以提高胸腔位置的方式完成进气，所以膈肌基本没有运动（甚至是向上运动），吸入的空气仅储存于肺的上半部分，下半部分没有参与呼吸，进气量少。

通常而言，采用胸式呼吸的女性多于男性，日常说话时往往声弱气浅。而在朗诵时如果使用胸式呼吸，则会明显感觉到声音不够结实、没有力度，语音缺乏抑扬起伏、轻重缓急的变化。

（二）腹式呼吸

腹式呼吸的特征是：吸气时腹部明显鼓起、腰腹周径增大，但胸部没有明显的变化。腹式呼吸主要是通过横膈膜的运动调节胸腹腔容积完成的，因此能够吸入较大量的气，呼吸时的强度也胜过胸式呼吸。但由于胸腔没有参与呼吸，仅靠腹部的鼓起回缩，控制气息难免不够灵活。

日常生活中，男性，尤其是有一定年龄、身材高大、体型壮实的男性使用腹式呼吸会比较多。而在艺术领域，源自西方的戏剧表演、声乐体系都会采取这种呼吸方式。在朗诵时采取腹式呼吸，声音的厚度和力度会得到很大的加强，但在细节变化上的处理却并不是它的强项。

（三）胸腹式联合呼吸

胸腹式联合呼吸就是中国古代所谓的"丹田气"，它是一种最为科学，同样也最为复杂的呼吸方法。它的特征是：吸气时胸腔肋骨两侧往外扩张，横膈膜下降，腰带略紧,但腹部并不像腹式呼吸那样明显鼓起,而是通过腹肌的控制使腰腹部产生一定的紧绷感。而呼气时腰腹部逐渐放松,横膈膜缓慢上升,两肋慢慢回弹,恢复自然状态。

胸腹联合式呼吸的优势有两点:其一,胸腹各呼吸器官同时参与呼吸运动,肋骨打开增加胸腔周径,横膈膜下降增加胸腔上下径,从而全方位增加了胸腔容积,进气量进一步加大;其二,无论是吸气时还是呼气时,胸肋向外的张力、横膈膜向下的张力和腹肌保持紧张的收缩力之间始终保持均衡的对抗,这种对抗有利于加强气息运用时的控制力。

胸腹联合式呼吸需要通过意识控制身体肌肉才能完成,因此它不属于人的本能行为,在生活中很少有人会采取这样的呼吸方法。但是,它既能解决胸式呼吸进气量不足的缺点,又能弥补腹式呼吸控制不灵活的不足,在一些特殊的场合,如气功、瑜伽等健身养生领域,戏曲、曲艺等语言艺术领域,往往能起到十分积极的作用。

而朗诵作为一种对气息有着很高要求的有声语言艺术,同样也是胸腹联合式呼吸的适用领域。当然,由于学习胸腹联合式呼吸法确实有一定的难度,故而在自如掌握之前,同样可以在朗诵时采用腹式呼吸作为替代。

四、气息控制要领

胸腹联合式呼吸的具体运用方法有三个要领。

(一) 吸气的要领

在吸气时,需要注意以下几点:

首先,放松肩膀。胸腹式联合呼吸的控制部位在胸肋部及腰腹部,肩膀及上胸部应该保持相对放松。如果像胸式呼吸那样两肩上提或前胸使劲儿,那么吸气时就无法把气吸入肺底,同时位于肩部附近的喉也会受到挤压,影响发声。

其次,打开两肋。胸腔中用以保护内脏的肋骨本身具备一定的弹性,会随着呼吸运动而产生微弱的开合。因此在吸气时,我们需要放松身心,保持呼吸通道畅通,自然地打开两肋,为肺部扩张提供空间。当两肋打开后,体腔内的气压便会小于体外气压,气息自然就会从口鼻进入体内完成吸气。

随后,膈肌下降。腹式呼吸时由于胸腔周围径不变,我们能够借助腰腹部的鼓起,轻松感受到横膈膜下降的运动。但在胸腹联合式呼吸时,肋部的运动使得横膈膜下降不再是增加胸腔容积的唯一手段,这时就需要加强意识控制,带动气息下行进入肺底,进而使膈肌完成下降运动。

最后，腹壁"站定"。腹壁"站定"是指随气息在吸进的同时，腹部肌肉要像"墙壁"一样具有一定的紧张度，既不能让腹部明显凸起，以免变成腹式呼吸，又不能让腹部回缩，以免造成气息上提。

在胸腹联合式呼吸的过程中，腹壁"站定"是最难以把握的要求。因为随着横膈膜的下降，腹部器官受到挤压，腹壁必然会向外鼓起；而一旦通过腹部肌肉对腹部的鼓起加以遏制，又必然会阻碍膈肌的下降。

而正是这一对看似矛盾的肌肉运动，构成了胸腹联合式呼吸法的精髓所在：通过膈肌与腹壁间的对抗、逐渐达成一种相对平衡的状态——吸气时腹肌力量减弱，膈肌逐渐下降；呼气时腹肌力量渐强，膈肌逐渐上升。这种对抗有助于对气息的精确控制。

（二）呼气的要领

理解了胸腹联合式呼吸过程中膈肌与腹肌的对抗关系后，再来学习呼吸的控制便容易许多了。呼气的过程实际上是一个气息控制的过程。吸气时，膈肌力量逐渐加强，缓慢下降，腹肌力量逐渐减弱，"且战且退"；呼气时，腹肌力量逐渐加强，各级力量逐渐减弱，缓慢上升，从而使气息均匀、持久、稳健、有力地自体内呼出。

呼气的稳定状态和持续时间的长短是靠肋骨、膈肌、腹肌之间力量的细微调节来完成的。一旦腹肌回缩力量过强或者膈肌下降力量过弱，就会造成气息快速呼出，胸腹联合式呼吸的控制力便丧失殆尽，朗诵对呼吸所要求的饱满充沛、稳定持久、变化自如也就无从谈起了。

在这过程中，小腹"拉住"的感觉尤为重要。仿佛在肚脐下方有一个控制呼吸运动的"司令部"，时刻控制着吸气肌肉群与呼气肌肉群之间力量的强弱变化。而这正是"意守丹田""气沉丹田"的诀窍所在。

（三）换气的要领

朗诵不是念绕口令，朗诵文学作品不可能"一气呵成"。在文中甚至是句中都需要随时换气。而在换气的时候，同样要注意以下几点：

首先，换气必须在句子前。初学者习惯于在每一句的最后一个音节刚结束、甚至余音处就急着换气。从听觉上这会给人一种上气不接下气的感觉。因此，正确的换气方法是：在每一个句子念完后稍作"保持"，等到准备念下一句时再开始换气。只有这样才能保证语意传达的准确和良好的朗诵效果。

然后，换气的量必须充足。在朗诵时，初学者经常会出现第一口气吸得特别足，然后句间换气却特别仓促的问题。具体表现在句子间"气口儿"停顿时间过短、吸气速度过快，且时常使用胸式呼吸来换气。这会导致换气时进气量过少，不足以支撑长句子的送气要求,进而又不得不在句子间偷换气,造成朗诵时反复停顿、语意破碎。因此,我们应该从容、充分地利用文章中的每一个"气口儿",确保每一次换气都能运用胸腹联合式呼吸法把气吸足。

再者,随时换气随时使用。朗诵过程中换气,就好像是汽车在高速公路上加油一样。换气量充足相当于每一次加油都要加满;而随换随用则相当于每到一个加油站都要进去加油,而不能抱有"油箱还剩大半缸"的侥幸心理。每当碰到"换气点"的时候,决不能因为体内还留有大半口气就不去换气。因为对于初学者而言,并不能保证剩下的大半口气能够完成下一个句子的朗诵需要,即便能够完成,后半段的气息不足也会造成控制力的衰退。因此,逢"气口儿"一定换气,要换气一定吸足,这是朗诵时换气的铁则。

最后,补气要自如。也有一种情况,当朗诵者在处理一些长句子的时候,往往"换气点"还没有到,体内的气息已经用完了,这时就不得不在句子间稍有停顿的位置偷偷补一些气,以确保能够念完这一句话。这种进气量小、速度快的换气称之为补气、偷气或者抢气。

补气的进气方式类似于胸式呼吸,两肋微微一张,把气吸到嗓子眼儿,够用即可。补气时必须要做到不着痕迹、不露声色、不割裂语意。也就是说必须要在一个自然的句间停顿处补气,补气所用时间长度与停顿长度相同,不发出丝毫吸气的声音,补气前后气息的控制、声音的使用、情感的表达皆不能产生变化。在瞬间补气时做到"停而不断",给人一气呵成之感。

训练

1. 腹式呼吸的练习

对于习惯使用胸式呼吸的初学者而言,在学习胸腹联合式呼吸之前,首先需要能够感受到呼吸时腹部的运动,也就是说,先应该从腹式呼吸的练习做起。

(1) 体会吸气时的腹部运动。

方法一:平躺在床上,头朝上背朝下,在腹部位置压几本重书,双手自然搭在书上。全身放松,平静而缓慢地深呼吸,感受吸气时腹部自然鼓起,书本与双手上下起伏的状态。

方法二:正坐在椅子上,双眼平视前方,小腿与地面呈90°角,大腿与小腿呈90°角、与躯干呈90°角,双手贴在腹部两侧。慢慢弯腰,使躯干尽量与地面平行,腹部贴住大腿根部,双手夹在腹部和大腿中间。然后缓慢地深吸气,感受吸气时腰腹鼓起、裤带勒紧,双手被腹部和大腿牢牢夹住的感觉。

在上述两种情况下,能够感受到吸气时腹部的起伏运动,即意味着找到了腹式呼吸的基本感觉。通常而言,在人的躯干与地面保持平行的状态下,吸气吸得更深。这是因为在这种身体姿态下吸气,能够有效抑制肩膀、锁骨等部位的上抬运动,使横膈膜能够参与到呼吸的运动中来。

方法三:直立,两腿打开与肩同宽,双眼平视前方,双手叉腰,弯腰,使躯干与双腿呈90°。然后缓慢吸气,感受吸气时腰围扩大、腰带勒紧、后背紧绷的感觉。接着慢慢抬起身体,使躯干与双腿呈105°、120°、135°、150°、165°……直至完全恢复直立状态。在这过程中反复进行慢且深的呼吸练习,体会呼吸时腹部的起伏感是否会随着身体逐渐抬起而减弱,又是否会在这个过程中出现肩膀与前胸的上抬。

对于习惯使用胸式呼吸的人而言,在练习初期,随着身体逐渐立直,腹式呼吸的感觉就会不断减弱,胸式呼吸的感觉相应增强。而这样的练习正是为了不断克服胸式呼吸的不良习惯,让深呼吸时身体的状态慢慢向腹式呼吸转变。

(2)体会呼气时的腹部运动。通过练习,能够做到即便在直立的情况下呼吸,腹部依然能够有明显的起伏运动,练习时,可以通过呼气练习来实际检验腹式呼吸的进气量及呼气时腹部的运动状态。

直立,两腿打开与肩同宽,双眼平视前方,双手叉腰。吸气,使腹部逐渐鼓起,腰径扩大,吸到八九分满之后稍作保持,然后将嘴唇束成一圆形小孔,开始缓缓地向外吹气。体会随着气息自体内呼出时横膈膜缓慢上升,腹部逐渐回缩,腰径变小的过程。当腰腹部恢复到自然状态后,继续保持吹气的状态,同时借助意识控制腰腹进一步收缩,横膈膜继续上抬,直至腹部瘪到无法收缩,体内余气完全排空为止。

人们日常呼吸的时候,由于对氧气的需求并不多,因此不但吸气吸得少,呼气同样会将一部分余气留在体内。而这项练习能够充分锻炼腹式呼吸送气时腹部的运动状态,同时改变平常呼吸时气体交换不完全的坏习惯。

2. 胸腹联合式呼吸的练习

(1)体会吸气时两肋打开的状态。

方法一:正坐在椅子上,双眼平视前方,小腿与地面呈90°角,大腿与小腿呈90°角、与躯干呈90°角,双手向后翻,贴在后背左右两侧的肋骨位置(腰部的后上方)。慢慢弯腰,使躯干尽量与地面平行,腹部贴住大腿根部。然后缓慢地深吸气,在感觉到吸气时腰腹鼓起的同时适当控制腹部运动的幅度,将注意力放到双手贴住的肋骨位置,感觉后背随吸气而隆起抬高,肋骨部位的肌肉有变得紧绷的感觉。

方法二:直立,两腿打开与肩同宽,双眼平视前方,左手叉腰,右手绕到左边腋下贴住左侧胸肋。弯腰,使躯干与双腿呈90°,然后缓慢吸气,当左手感觉到腰围逐渐扩大时适当控制腰腹运动的幅度,将注意力放到右手贴住的胸肋位置,感觉肋骨随吸气而微微向外扩展,胸腔周围径有相应变大的感觉。

这两种练习方式与腹式呼吸练习的第二、第三种方式非常相似,唯一的不同在于当气息进入肺部,横膈膜开始下降、腹腔周径逐渐变大的时候,不能像腹式呼吸那样任由腰腹部肆意鼓起,而是要借助意识控制让气息在胸腔内"横向扩张",继而把肋骨"往外顶",使胸腔的周径也有明显的增大。

(2) 体会吸气时腹肌与膈肌的对抗。

方法一:平躺在床上,头朝上背朝下,在腹部位置压几本重书,双手自然搭在书上。全身放松,平静而缓慢地深呼吸,当腹部开始自然鼓起时,试着用双手的力量压住书本,使腹部随吸气而鼓起的力量和双手下压书本的力量形成对抗。在力量对抗的同时保持吸气动作不变,感受肋骨逐渐被撑起,胸腔周径变大的状态。

方法二:在腰腹位置缠绕上有一定宽度的束腰带,或是多系上几根腰带(如果没有条件,可以请家人、朋友用双臂自后向前缠绕住腰腹部),但不要缠绕得太紧。然后直立,两腿打开与肩同宽,双眼平视前方,左手搭在腰腹部,右手搭在胸肋部,按照胸腹联合式呼吸的要领开始呼吸,随着空气吸入肺部,横膈膜下降,鼓起的腹部会与阻碍物之间形成对抗,此时用意识控制腹部鼓起的趋势,适度缓解紧绷的状态,同时感受胸肋处打开的过程。

体会腹壁与膈肌的对抗是胸腹联合式呼吸的要点和难点。一方面腹腔要随着横膈膜的下降而鼓起;另一方面为了打开两肋又不能让腹腔鼓起。这种腹壁"站定"的感觉既需要强有力的腹部肌肉的支持,又需要意识上的精确控制。但归根结底熟能生巧,比起频繁的专门练习,在日常生活中有意识地去关注呼吸的方法更加有助于掌握胸腹联合式呼吸的要领。

(3) 体会呼气时腹肌与膈肌的对抗。

直立,两腿打开与肩同宽,双眼平视前方,双手叉腰。按照胸腹联合式呼吸法的要领吸气,两肋打开、腹壁"站定",将气吸到肺底,然后将嘴唇束成一圆形小孔,开始缓缓地向外吹气。气息呼出的过程中,腰腹部向外鼓起的力量逐渐减弱,腹肌保持紧张的力量逐渐加强,腹部缓慢收束,膈肌慢慢上升。在此过程中,仍要有意识地感到丹田位置仿佛有一股力量"拽"着一样,使腹部无法过快地收束,尽可能地增加发声(也就是肌肉对抗)的时间长度。

胸腹联合式呼吸法的呼气练习和腹式呼吸的练习方式基本相同,区别在于前者需要用意识去控制腹部肌肉的紧张度,以保持体内不同气压状态下膈肌与腹肌的平衡状态。气息饱满时,腹肌的紧张程度要加强,与膈肌的对抗亦强;气息呼出越多,膈肌下降的力量越小,腹肌的力量程度也要相应减弱。寻找、感受、控制这期间的平衡,是练习的难点所在。

(4) 胸腹联合式呼吸与发声"挂钩"。在初步掌握胸腹联合式呼吸在吸气、呼气时的不同要领后,就可以尝试将呼吸与发声相"挂钩",在发声中检验呼吸方法是否正确合理,掌握发声时呼吸的调节方法。

方法一:慢吸慢呼。按胸腹联合式呼吸的要领吸气到八分满(初学者吸到六七分满即可,吸气过多反而会造成控制不力影响发声),稍作保持后开始向外呼气,同时使气息振动声带,用中等偏低的音量发"a""u""i"之类的元音的延长音。在发音的同时感受呼气时两肋、膈肌、腹肌的运动状态,同时保证发出的声音结实、平稳、持续时间长。

方法二:慢吸快呼。选择一个可以短小简单的声母绕口令,如"吃葡萄不吐葡萄皮,不吃葡萄倒吐葡萄皮"。按胸腹联合式呼吸的要领吸气到八分满,快速度地反复朗读这个绕口令。看看唇齿舌的运动是否会影响呼气时两肋、膈肌、腹肌的控制。

3. 体验式练习

纯粹的呼吸练习或许会显得有些单调无聊。在生活中,随时随地都可以进行一些体验式的呼吸练习。

(1) 闻花香。当路过一个开满鲜花的花坛,或是桌上摆着一桌喷香扑鼻的菜肴,弯下腰凑近花朵(或菜肴),闭上眼睛,用鼻子使劲儿吸一口气,试着把所有的香味都吸进身体。

(2) 抬重物。当在搬一个很大、很重的箱子的时候,蹲下身子,双手抓住箱子两侧的把手,把体内的余气吐出,然后口鼻同时进气,深深地吸一口气,同时双手用力、双脚蹬地,猛地一下将箱子抬起。

(3) 吹蜡烛(A)。放一支点燃的蜡烛在面前,大约距离嘴唇20厘米的位置,按照胸腹联合式呼吸的要领深吸一口气,稍作保持,然后将唇聚成一小孔,缓缓地朝蜡烛吹气,使火苗不停晃动但又不至于熄灭。如果没有蜡烛也可以用一根手指代替,让气吹在手指指尖位置,不偏不歪、出气均匀。持续时间越长越好。

(4) 吹蜡烛(B)。过生日时,大大的生日蛋糕上插满了蜡烛。按照胸腹联合式呼吸的要领深吸一口气,稍作保持,然后快速将气息送出,用强劲的气流将蛋糕上的蜡烛全部吹灭。过程中一口气不能断、不能偷气。如果感觉气快用完了但蜡烛还有几支没熄灭,则需要进一步地收束腹部将体内余气全部"逼"出。

(5) 膈肌弹发。按照胸腹联合式呼吸的要领吸气至六七分,稍作保持,然后快速收束腰腹、提升膈肌,同时快速而有力地发出"嘿、哈"的字音。要求喉部松弛但字音有力,速度快且弹动感强。伴随着每个字音的送出,腹部都要有明显而快速的收束动作。控制力加强后可以适度加快速度,连续弹发"嘿、哈、嘿、哈……",但速度不宜过快,数量也不宜过多,否则反而会影响弹发的效果。

(6) 数数练习。按照胸腹联合式呼吸的要领吸气至八分,稍作保持,然后用中等偏弱的音量、中等语速、自如音区数数。"1、2、3、4、5、6、7、8……"一直到腹部完全收紧,气息全部送出位置。若觉得数数比较无聊,也可以选择数葫芦——"一个葫芦,两个葫芦,三个葫芦,四个葫芦……"或是数西瓜——"一个西瓜,两个西瓜,三个西瓜,四个西瓜……"。

最后,附上一个适合锻炼气息的绕口令,学习者可以试着练习一下。

出东门,过大桥,大桥前面一树枣,拿着竿子去打枣,青的多,红的少。一个枣,两个枣,三个枣,四个枣,五个枣,六个枣,七个枣,八个枣,九个枣,十个枣;十个枣,九个枣,八个枣,七个枣,六个枣,五个枣,四个枣,三个枣,两个枣,一个枣。这是一个绕口令,一口气说完才算好。

这个绕口令大家可以拆分成三口气来念。首句一口气,尾句一口气,中间一口气。当中数枣需要保证字音的完整准确,千万不要贪图速度快。当我们能够从容地用一口气数完这"20 个枣"后,还可以给这个绕口令增加一些难度,将中间数枣部分循环反复地念,争取一口气能数出"40 个"以上的"枣"。

第二节 发 声

气息是声音的保障,学习呼吸法的根本目的终究还是为了发声。而朗诵艺术作为有声语言艺术的一种,它所指的发声就是指发出美妙的字音。

在这个过程中,承担主要工作的身体器官,就是位于喉部的发声器官,以及位于口腔的咬字器官。正是这些器官与体内呼出的气息发生摩擦、振动、截制,产生不同听感的声音,才使得人类能够具备动物所不具备的使用语言的能力。

又正是因为人类能够精细地控制咬字器官和发声器官,发出具备不同情感意义的字词句,才使得朗诵艺术创作能够在人类社会成为可能。

一、发声器官与发声原理

根据发声时不同的作用,我们可以粗略地将发声器官分为两部分介绍。一个是负责形成"原音"的喉部;另一个是负责形成"字音"的口腔。

喉部与发声关系最紧密的器官莫过于声带。声带是由韧带、肌肉和膜组成的两片薄片。气息从肺部向体外呼出的过程中,必定会经过声带之间的声门,此时若声门处于相对收拢状态,气息流经时便会冲击声带使声带发声颤动,继而带动周边空气发生高速震动,形成声波。

通过声带振动所发出的声波非常微弱,却蕴含着非常丰富的信息。它从根本上决定了声音的基本要素——音高、音长、音强、音色,是接下去口腔对声音进行修饰、美化、扩大,进而产生不同听感的字音的原始基础。因此,被称之为"喉原音"。

而相比于生产声音"原材料"的喉部,口腔则是兼具"生产"与"加工"功能的字音"生产者"。一方面,通过对口腔中唇、齿、舌、硬腭、软腭等器官的控制,将喉原音加工成"a、o、e、i、u、ü……"等不同的元音;另一方面,同样是通过对唇、齿、舌、硬腭、软腭等器官的控制,对口腔中的气流造成阻塞、截制、摩擦,制造"b、p、m、f、d、t、n、l……"等一系列的辅音;最后将这些字音的"零配件"拼合在一起,制造出由声母、韵母共同构成的普通话字音。

由此可见,字音的产生既离不开喉部器官所生产的"喉原音",更缺不了口腔器官所制造的声韵母,两方面共同完成了有声语言的创造。

二、喉部的运用与保护

在与发声相关的所有器官中,唯有喉部是最"神秘"的。它看不见、摸不着,也感觉不到,普通人很难判断发音时喉部用得对不对、好不好。甚至有少数朗诵爱好者,误将不正确的用嗓方法当做发音的特色,养成错误的习惯。长此以往,会造成声带的永久性损伤。

因此,如何用对嗓子、如何用好嗓子、如何保护嗓子,都是朗诵爱好者们应当重视的。

(一)喉部的运用

科学用嗓最关键的,在于时刻保持喉部的松弛。特别是在需要我们加强音量、加强力度、提高音调的时候,千万不能绷紧声带,用嗓子硬喊。这种用声很容易造成声带的损伤。尽管声音的高低、长短、强弱、粗细都需要依靠声带来调解控制,但毕竟声带发出的只是语音的"原材料"喉原音而已,真正听感上明显的声音变化还是要借助气息的支撑及口腔的变化来创造。

因此在发声时需要做到"两头紧中间松"——即腹部丹田作为气息控制的"司令部"必须保持紧张；口腔中唇舌齿作为声音美化、放大的"工具"必须加强力量，但喉部声带在发声时则必须保持松弛状态。

在喉的发声过程中，唯一能够从外界被感知的只有喉头部分的运动。特别是对于喉结较为突出的男生，喉头随发声而起伏运动是非常明显的。因而，我们也可以借助喉头的运动来判断用嗓的科学与否。

科学的发声，要求喉头保持相对的放松与稳定。

相对的放松指的是，在保持发声状态积极的前提下，尽可能地减少喉头部位的压力。为了发音的清晰明亮，我们需要给声门一定的气息压力，但必须控制在喉部能够接受的范围之内。特别是在发高音或者强音量时，大凡出现青筋暴出、喉咙发紧，或是发音后声带干涩、喉咙嘶哑的现象，这都是由于喉头的负担过重造成的，相对的稳定就更加容易理解了。在发音时我们可以通过观察或触摸感受喉头的运动，通常在发较高、较尖细的声音时，喉头会向上运动；在发较低、较浑厚的声音时，喉头会向下运动。但这种喉头的运动必须保持在一定的范围和频率之内，如果运动幅度过大、频率过快，同样也是喉部过度紧张的表现。

（二）喉部的保护

喉是发音的根本，长时间的错误用嗓会对喉部造成无法恢复的伤害。一旦喉部受到永久性创伤，即便通过手术等医学手段都未必能治愈。因此，保护喉部是每一个朗诵爱好者必须要重视的问题。

首先，需要明确的是，保护并不意味着不用嗓不说话，喉部的保护必须是一种积极的保护，使用中的保护。

保护喉部首先要从意识做起。很多朋友之所以在朗诵过程中养成了错误的用嗓习惯，是因为崇尚某种特定的音色，继而刻意地要把自己的嗓音变得和心目中的"好声音"一样。例如，男性追求浑厚的嗓音而出现压喉的问题，女性追求纤细的音色而出现挤喉的问题，等等。

须知，文无第一武无第二，世界上没有哪种音色是最好听的。每个人必须正确地认识自己先天的嗓音条件与声音特质，在此基础上再通过后天训练提升自己的声音质量和发声能力。这样锻炼出来的声音才是真正适合自己的好声音。

喉部保护同样要从日常生活做起。日常发音时的一些习惯也会造成喉部的伤害。例如，有些电话客服喜欢用特别微弱的虚声接电话，自以为这样能在工作中保护喉咙，殊不知这样反而会令声带干涩，产生病变。此外，朗诵时习惯低着头可能会压迫喉部,习惯昂着头可能会拉扯喉部,习惯歪着头同样可能造成两片声带的不平衡……这些都是我们需要在日常发音时注意的。

此外,对于一些不良的生活习惯,比如抽烟喝酒、晚睡熬夜,都会对嗓子造成伤害。同样,经常吃一些刺激性的食物,像是辛辣、油腻、生冷的,同样也不利于嗓子的保护。一些与喉部相关的小毛病,如咽炎、喉炎、鼻炎、支气管炎等,也应该及时就医治疗。做好日常生活的点滴,嗓子才能在关键时刻表现良好。

训练

1. 体会声带的运动

(1) 气泡音:气泡音是最松弛的一种发音。早晨起床可以用来"开嗓子",用嗓过度、喉咙充血的时候也可以用来放松喉部肌肉,是一种非常有用的喉部放松方式。发音时放松喉部,闭合声带,让气息均匀地通过,用最小的力量、最低的音调发出一个个类似于气泡的声音。发音时可以以大口型"a"的状态来发,也可以用小口型"i"的状态来发,也可以闭上嘴用"m"的状态来发。

个别朋友可能一开始会找不到气泡音的发音要领,可以用最松弛的状态发低音的"a",然后在不挤压嗓子的情况下进一步降低音调、减小音量,便会不知不觉进入气泡音的发音状态。

(2) "m"的发音:双唇紧闭,用鼻腔的力量发实声的"m"的长音,音高大致在中音自然音区。发到一半的时候快速提升音调(带有疑问色彩的"m"),或是降低音调(结束时接近气泡音的发音状态)。

在"m"的发音过程中,随着音调的升高降低,喉头部位会发生明显的位移,声带的声门也会有明显的开闭变化。在发音时体会喉部的变化及给自己带来的感受,能够帮助自己感知喉部的运动状态。

2. 声音变化的练习

(1) 声音高低变化。

方法一:阶梯式发音:取某个发音时最舒服的中音音调,连续发三个短音"a",然后音高上升一度,再发三个短音"a"……以此类推,直至可控音域的最高音位置结束。也可以每发三个短音后音高下降一度,直至最低音位置结束。音高跨度要求达到一个半八度以上。

方法二:上滑音、下滑音。取某个发音时最舒服的中音音调,发长音"a",持续发音并且逐渐将音调升高,注意音调不是"一格一格""一度一度"地上升,而应该是均匀平缓地线性上升,直至可控音域的最高音位置,结束。也可以逐渐将音调降至最低位置,结束。注意气息和发声的结合,一口气吐尽刚好升至最高或降至最低尤佳。

方法三：上绕音、下绕音。取某个发音时最舒服的中音音调，发长音"a"，持续发音并呈螺旋式升调，直至可控音域的最高音位置，继续发音并呈螺旋式降调至气息吐尽。也可先呈螺旋式降调至最低位置，再呈螺旋式上升结束。注意：随声调的螺旋式升降，"a"音的响度也会相应地呈波浪式变化，这属于正常现象。

（2）声音强弱变化。

任选一首简单的唐诗，假设有一名听众站在自己前面有半米距离，用适当的音量朗诵这首诗，确保听众能够听清且不觉得吵闹；

同一首唐诗，假设有一名听众站在自己前面有一米距离，用适当的音量朗诵这首诗，确保听众能够听清且不觉得吵闹；

同一首唐诗，假设在一间25平方米的房间中，有十名听众站在距离自己3~4米的位置，用适当的音量朗诵这首诗，确保听众都能听清且不影响房间外的人；

同一首唐诗，假设在一间50平方米的教室中，有三十名听众坐在距离自己4~6米的位置，用适当的音量朗诵这首诗，确保最后一排的听众也能听清；

同一首唐诗，假设在一间200平方米的房间中，有一百名听众坐在距离自己10~15米的位置，用适当的音量朗诵这首诗，确保最后一排的听众也能听清；

通过虚拟空间与人数的变化，逐渐加大朗诵时的声音音量，感受从30分贝到90分贝不同的音量强度，训练自己不同音量的控制能力。

（3）声音虚实变化。

方法一：元音练习。取某个发音时最舒服的中音音调，分别发单元音"a""o""e""i""u""ü"。发音时先从实声开始，中段逐渐转入虚声，后段再从虚声转为实声，体会发虚声和实声时喉部的不同感觉。

方法二：词语对比。

轻轻的—重重的　　柔柔的—涩涩的　　嫩嫩的—硬硬的
轻飘飘—沉甸甸　　软绵绵—硬邦邦　　白花花—红艳艳
阴森森—光闪闪　　笑眯眯—笑哈哈　　滑溜溜—干巴巴
怯生生—兴冲冲　　水汪汪—亮晶晶　　毛茸茸—油腻腻

方法三：诗歌对比。

你是人间的四月天

林徽因（柔和，偏虚）

我说你是人间的四月天；

笑声点亮了四面风；
轻灵在春的光艳中交舞着变。
你是四月早天里的云烟，
黄昏吹着风的软，
星子在无意中闪，
细雨点洒在花前。
那轻，那娉婷，你是，
鲜妍百花的冠冕你戴着，
你是天真，庄严，
你是夜夜的月圆。
雪化后那片鹅黄，你像；
新鲜初放芽的绿，你是；
柔嫩喜悦，
水光浮动着你梦期待中白莲。
你是一树一树的花开，
是燕在梁间呢喃，
——你是爱，是暖，是希望，
你是人间的四月天！

回　　答

北岛（坚定，偏实）

卑鄙是卑鄙者的通行证，
高尚是高尚者的墓志铭。
看吧，在那镀金的天空中，
飘满了死者弯曲的倒影。

冰川纪过去了，
为什么到处都是冰凌？
好望角发现了，
为什么死海里千帆相竞？

我来到这个世界上，

只带着纸、绳索和身影，
为了在审判之前，
宣读那些被判决的声音。

告诉你吧，世界
我——不——相——信！
纵使你脚下有一千名挑战者，
那就把我算作第一千零一名。

我不相信天是蓝的，
我不相信雷的回声，
我不相信梦是假的，
我不相信死无报应。

如果海洋注定要决堤，
就让所有的苦水都注入我心中，
如果陆地注定要上升，
就让人类重新选择生存的峰顶。

新的转机和闪闪星斗，
正在缀满没有遮拦的天空。
那是五千年的象形文字，
那是未来人们凝视的眼睛。

三、口腔训练与吐字归音

  比起喉原音的发出，字音在口腔中的形成就比较容易理解了。因为在这个过程中所涉及的所有咬字器官——唇、舌、齿、硬腭、软腭……都是我们可观、可感、可触碰的，任何一个字音之间的发音差异，在咬字器官上的区别，都能够直观地从各器官的肌肉运动中寻出规律。

  通过前一章的学习，了解了每一个汉字的字音都是由声母、韵母和声调三个因素构成的，学会三者的规范发音方法，就能够念准这个汉字的读音。但在实际的组合过程中，怎样才能把字音念得不仅标准，而且还好听，这是很考验"嘴上功夫"的。

对此,中国民间说唱艺术家们经过长时间的实践,总结归纳出了一套较为系统的方法,称之为——吐字归音。

在这套体系中,每个汉字的字音都被分成三部分——字头、字腹、字尾。字音中间发音开口度最大、声音最饱满响亮的那个主要元音成为字腹(声调也是主要作用在字腹上的),字腹前面的部分(声母或是声母加一个次要元音)就是字头,字腹后面的部分(一个次要元音或是一个鼻音后缀)就是字尾。

有的字没有字头,例如零声母的"安""我""音"等,有的字没有字尾,如由单元音构成韵母的"发""力"等,或是主要元音在复韵母后面的"花"(韵母的 ua 中 a 开口度大且声音响亮,是主要元音,前面的 u 则是次要元音)、"别",等等。但无论如何,字腹是必须要存在的。

在具体发音时,字头的发音要求是"叼住弹出",也就是说发音要快速、干脆,一击即中;字腹的发音要求是"拉开立起",也就是要圆润、响亮,字音饱满;字尾的发音要求是"弱收到位",也就是要柔和、清晰、趋向明确。整个字音两头小、中间大,就好像是一颗枣核一样。

朗诵时的吐字发声同日常说话、演讲最大的区别在于,作为一种艺术化的有声语言展示,每一个字的发音都应当是充分准备、精心雕琢、完整细致、能量充沛,有时还要带有些许艺术化的润泽与修饰。

这就要求我们不能仅仅以"听懂"为目标去发音,而必须要更加细致地去处理字头、字腹、字尾在口腔中不同的发音状态,三者在整个字音中的角色和关系。三者彼此衔接的承接与转换……能够按照朗诵要求从容地将字音放大、拉长而不至于断;压紧、缩小而不至于碎,真正地做到"吐字如珠""吐珠如流"。

训练

1. 唇舌力量练习

(1) 舌体训练。

伸舌(训练舌体收束感):保持口腔积极状态,舌体尽量向外伸,伸得越瘦、越长、越尖越好。然后用力向上勾鼻尖,用力向下勾下巴(不要求非得勾得着)。

探舌(训练舌中纵线及舌根的力度):保持口腔积极状态,舌尖抵住下齿龈,让舌后部尽量向外探,力量集中在舌的中纵线上,舌体两边尽量向内收,舌体呈"跪

"式"向外探,探得越多越好。

立舌(训练舌体灵活性):保持口腔积极状态,舌尖相对控制在下齿龈上,舌体收束呈垂直立起。在舌体左右反转垂直立起的同时,下巴尽量做到不动。

弹舌(训练舌尖力度):保持口腔积极状态,舌尖抵住上齿龈,声带打开不要闭合,气流蓄满口腔并冲击舌尖与上齿龈构成阻碍的部位,弹发打响,舌尖落在下齿龈,舌体呈发"da"的运动状态,由于声带没有闭合,所以不产生乐音。

饶舌(训练舌体灵活性):闭唇提肌,保持口腔的静态控制,舌尖抵住上下唇内侧,做顺时针或逆时针的360°环绕,并交替进行。

(2)唇部训练。

聚唇(训练双唇力量集中度):闭唇提肌,尽量打开牙关,舌尖抵住下齿龈,挺起软腭,双唇肌肉集中于唇中央的三分之一处,形成-紧-松的控制状态,反复进行。

转唇(训练双唇灵活性):闭唇提肌,尽量打开牙关,挺起软腭,双唇拢起顺时针转90°,逆时针转90°,反复进行……

"喷"唇(训练双唇弹发力度):声带打开不要闭合,气流蓄满口腔并冲击双唇成阻的部位弹发打响,舌体呈发"ba"的运动状态,反复进行……

2. 字头发音练习

字头发音练习要求在咬字时适度突出字头的力度,吐字干脆、有力,唇舌等发音器官快速到位,定位准确,有一种子弹从机关枪中弹射出来的感觉。特别是声母的发音忌拖泥带水、绵软无力。绕口令练习时可以在熟练的基础上适当加快速度。

(1)声韵母拼合练习:

ba	bi	be	bo	bu	pa	pi	pe	po	pu
ma	mi	me	mo	mu	fa	fi	fe	fo	fu
da	di	de	do	du	ta	ti	te	to	tu
na	ni	ne	no	nu	la	li	le	lo	lu
ga	gi	ge	go	gu	ka	ki	ke	ko	ku
ha	hi	he	ho	hu					

(2)绕口令练习:

八百标兵奔北坡,炮兵并排北边跑。炮兵怕把标兵碰,标兵怕碰炮兵炮。

吃葡萄不吐葡萄皮,不吃葡萄倒吐葡萄皮。

白伯伯,彭伯伯,饽饽铺里买饽饽,白伯伯买了个饽饽大,彭伯伯买了个大饽饽。拿回家里喂婆婆,婆婆又去比饽饽,也不知是白伯伯买的饽饽大还是彭伯伯买的大饽饽。

调到敌岛打特盗,特盗太叼投短刀,挡、推、顶、打短刀掉,踏盗得刀盗打倒。

你会炖我的炖冻豆腐,来炖我的炖冻豆腐;不会炖我的炖冻豆腐,就别炖我的炖冻豆腐。要是混充会炖我的炖冻豆腐,炖坏了我的炖冻豆腐,那就吃不成我的炖冻豆腐。

牛郎年年恋刘娘,刘娘连连念牛郎,牛郎恋刘娘,刘娘念牛郎,郎恋娘来娘念郎。

哥挎瓜筐过宽沟,赶快过沟看怪狗,光看怪狗瓜筐扣,瓜滚筐空哥怪狗。

3. 字腹发音练习

字腹的练习要求将语速放慢,字音拉长,特别是处理主要元音的发音时一定要把口腔拉开立起,形成一个饱满、圆润的声音造型。诗歌、绕口令语速都不能太快,一定要保证整个字音的完整性。

(1) 四字词练习:

春光明媚	青山绿水	花红柳绿	高原广阔	山河美丽	蓝天白云
千山万水	山高水长	穷山恶水	湖光山色	风狂雨骤	崇山峻岭
开渠引灌	峰峦雄伟	青山碧水	万紫千红	五彩缤纷	风云雨露
春色满月	春意盎然	重峦叠嶂	绿草如茵	繁花似锦	桃红柳绿
姹紫嫣红	丹桂飘香	万木争荣	百花齐放	皓月当空	翠绿欲滴
风和日丽	烈日炎炎	和风细雨	彤云密布	万里无云	狂风暴雨
巍然耸立	倾盆大雨	天昏地暗	含苞欲放	争奇斗艳	怪石嶙峋
浩浩荡荡	碧空如洗	晴空万里	天然宝藏	山明水秀	庭草荒芜
花木凋零	寒风萧瑟	夜天如水	美不胜收	枯藤老树	星光闪烁
明月清风	骤雨滂沱	雷电交加	花团锦簇	风调雨顺	

(2) 诗词练习:

枫 桥 夜 泊
张 继

月落乌啼霜满天,江枫渔火对愁眠。
姑苏城外寒山寺,夜半钟声到客船。

凉 州 词
王 翰

葡萄美酒夜光杯,欲饮琵琶马上催。
醉卧沙场君莫笑,古来征战几人回?

望江楼,望江流,望江楼上望江流,江流千古,江楼千古。

印月井,印月影,印月井中印月影,月井万年,月影万年。

柳条青,柳条长,柳条随风在荡漾。摇来了春天,摇来了小鸟,摇得那湖水闪闪亮。

柳条青,柳条长,柳条随风在荡漾。我做支柳笛吹起来,嘀呖呖鸟儿在歌唱。

柳条青,柳条长,柳条随风在荡漾。请来春姑娘荡秋千,秋千挂在柳条上。

第三节 共 鸣

自喉部发出的"喉原音"虽然具备丰富的泛音与细节,但其音量非常微弱,音色也十分干涩,完全不能满足有声语言表达或是艺术创作的要求。只有在经过体内共鸣器官的扩大与美化之后,才能真正形成具备使用价值的语音。

几乎所有发音体发出声音,都少不了共鸣腔体的配合。而且同样情况下,发音腔体的大小、质地会对声音品质构成至关重要的影响。例如,当我们评判小提琴的优劣时,首先观察的必定是木质琴箱的素质——用的是什么木材,面板背板的弧度如何,腔体的内部结构怎样……这些都会在极大程度上决定琴的音质。

而人体共鸣属于声道式共鸣,共鸣腔体遍及体内各处,腔体的质地各不相同,大小可以调节,因此人体共鸣比乐器的共鸣复杂得多,人体借助共鸣所创造的声音色彩和情感色彩,更是比乐器丰富得多。

一、声道共鸣与共鸣腔

人体的共鸣声道,指的是人体内若干个可以填充气息的腔体通道,气息可以便捷地在这些腔体内流动,即意味着声波可以自由地在这些通道内传递,这是物理学上共鸣产生的前提与基础。

人体声道由体内的多个腔体共同构成。它们分别是:颅腔、鼻腔、口腔、喉腔、咽腔、气管、胸腔。其中较为常用、对发声作用较大的主要是鼻腔、口腔和胸腔。

由于每个腔体在体内的位置不同、形状不同、大小不同、质地不同、调节性能也不同,因此它们在声道共鸣过程中所起作用也各不相同,作用大小也各不相同。总体来说,越靠上的共鸣腔体空间越小,对高频的共鸣作用越明显;越靠下的共鸣腔体空间越大,对低频的共鸣作用越明显。

鼻腔在三个主要共鸣腔体中位置最高,因此鼻腔共鸣主要用以扩大和美化高音。鼻腔共鸣空间最小,并且腔体形状无法改变。鼻腔共鸣往往能使声音具有金属般的光泽,并为字音提供更多细节。上海电影译制片厂不少老一代的配音演员,如毕克、邱岳峰、童自荣等都是善用鼻腔共鸣的高手。由于他们所配音的都是外国电影、电视剧,因此在很长一段时间,人们都误以为外国人说话都像他们那样带有亮丽的鼻音。

口腔位于三个主要共鸣腔体的中间,主要承担中音的扩大和美化。中音是人类语音中最主要的音区,堪称人声中的"血肉骨骼",音色好坏、音质优劣,百分之八十都取决于中音的质量。而口腔是所有共鸣腔体中最灵活的一个,唇、齿、舌、软腭、硬腭的灵活运动能使口腔变化出各种不同的造型,这不仅能创造出丰富多彩的字音,同样也能形成不同音色的共鸣效果。因此负责中音共鸣的口腔堪称人体最重要的一个共鸣腔体。

胸腔位于三个主要共鸣腔体的最下处,主要用来扩大和美化低音。低音并不参与语音的制作——即便将人声中150赫兹以下的低频全部去除,依然不能听得清字音和语意。但低频中却储存着澎湃的能量,人声的洪亮、浑厚、结实,都需要借助低音加以润色。加上胸腔又是所有共鸣腔体中体积最大的一部分,使得胸腔成为了人体中最基础的共鸣腔体。

二、鼻腔共鸣要领

鼻腔共鸣也被叫做头腔共鸣,它在发声共鸣中占的比重很小,在发声中的作用也显得较为"微妙"。在进行语言实践——特别是朗诵这样的艺术语言实践过程中,适度带一些鼻腔共鸣却能使音色变得明亮而迷人;而一旦在字音中带入过多的鼻音,又会造成声音含混不清,严重时甚至会干扰字音的准确与规范。

首先,需要明确的是,鼻腔共鸣和鼻音有着根本的区别。

在汉语普通话中,有部分声母或韵母——如鼻音声母"m""n",鼻韵母尾缀"n""ng"是带有鼻音的,其余声母、韵母的发音均不带有鼻音。也就是说,多数普通话字音的发音是用不着鼻腔共鸣的。

而鼻腔共鸣作为一种共鸣方式,即可以出现在带鼻音的字音中,也可以出现在不带鼻音的字音中。它的共鸣方式与鼻音的发音方式同样也有着本质上的差别。

普通话中的鼻音,在发音时需要关闭口腔通路,使气息进入鼻腔通道发出声音。也就是说,发鼻音的时候气息不从口腔中流出,而是进入鼻腔并从鼻腔中流出。

但鼻腔共鸣,是声波在鼻骨处形成共振。也就是说,鼻腔共鸣只需将已经成形的"声波"推送到鼻腔通道中,而不是在鼻腔中"制造"声波。因此,不需要把气息送入鼻腔。这是鼻腔共鸣和鼻音发音最大的区别所在。

由此可见:鼻腔共鸣既不是鼻音重,又不是发鼻音时的感觉,更不是感冒时鼻塞的感觉。为了能正确地运用鼻腔共鸣,分清"元音鼻化"与鼻腔共鸣的区别,显得尤为重要。

有些朋友在练习单元音"a""o""e""i""u""ü"的发音时,带有浓重的"嗡嗡"的感觉,同时鼻孔出气明显,捏住鼻子发出的声音完全不同甚至发不出声音。这是典型的"元音鼻化"现象,它会严重影响发音的清晰度和准确性。如果碰到这样的情况,就应当暂时把鼻腔共鸣放一放,先从去除元音中的鼻音色彩练起。

还需要注意,加强鼻腔共鸣不能以牺牲口腔共鸣的方式来实现。有些朋友发音时嘴形咧、软腭塌、口腔扁,口腔共鸣弱。为了加大说话时的音量,便只能加强鼻腔的共鸣,让鼻子来承担原本应当由口腔承担的放大音量的任务。这样发出的字音,不温润、不饱满,中音干瘪、高音刺耳,听感很差。

正确的加强鼻腔共鸣的方法,应该是抬起软腭、打开下颌,保证咽喉到鼻腔的通道畅通。这样便能在口腔顺利完成发音、共鸣工作的前提下,使声波顺利传入鼻腔中较大的共鸣空间中,形成鼻腔共鸣。只有这样发出的鼻音色彩,才能对声音起到美化作用。

训练

1. 检查元音鼻化问题

取某个发音时最舒服的中音音调,进行"a"的延长音练习。在发音中段用手指捏住自己的鼻子,将鼻腔通道全部堵死(鼻子不能出气),发音尾段再松开鼻子。听自己捏住鼻子时和不捏鼻子时"a"音的音色有没有变化。同样的练习,也可改用"i"音来进行。"i"音发音时口腔比"a"更小,更容易使气息进入鼻腔形成元音的鼻化。

若捏住鼻子时与不捏鼻子时音色差别明显,前者会带有明显的鼻音甚至会产生发音障碍,说明存在元音鼻化的问题。

2. 去除元音鼻化

如果发现自己存在元音鼻化的问题,可以借助如下方法慢慢去除:

第一步:捏着鼻子,进行声母"h"的发音练习。"h"是一个舌根的擦音,发音时气息与舌根摩擦。由于不带元音,发音声带没有摩擦,不发出任何实声,只能听见气息在舌根和软腭间摩擦的细小声音。在这个过程中没有任何气息进入鼻腔,因此捏住鼻子不对发音构成影响。体会此时鼻腔通路关闭时口腔中舌与软腭的状态。

第二步:同样捏着鼻子,进行"ha"音的发音练习。但前一半时间只发声母"h",后一半时间再出"a"音。由于发"h"时软腭抬起,鼻腔通路关闭,因此在"a"发出的一瞬间,口腔依然能保持住之前"h"的发音状态,此时的"a"音不带鼻音的。但随着"a"的延续,软腭又会习惯性下塌,又回到带鼻音的"a"的发音状态,捏住鼻子会觉得很不舒服。一旦出现鼻音便立即停止发音。

第三部,通过第二步的反复练习,渐渐地"a"音会越来越多受到"h"的影响,不带鼻音的时间会越来越长。这时便可以缩短"h"的发音时间,延长"a"的发音时间。直至最后完全脱离"h"单独发"a",也能够保持软腭抬起、鼻腔通路关闭,便意味着基本解决了元音鼻化的问题。

3. 感受鼻腔共鸣

微张开嘴,软腭放松并微微抬起(不接触舌根),用比"a"音口型小一些、发音位置靠后一些的音来哼唱任意歌曲。音调不要过低或过高,以免影响口腔状态及造成发声器官肌肉紧张,也不要刻意鼻子用力发出"哼"之类的声音。用这种哼鸣的方式来感受软腭上方产生振动,并传导至鼻腔形成共振的感觉。

三、口腔共鸣要领

口腔是所有共鸣腔体中最主要的,口腔共鸣也是人体声道共鸣中最重要的。

首先,口腔的空间仅次于胸腔,是声道中第二大的,而且不同于形状大小不可变化的鼻腔、胸腔,口腔具备非常灵活的可变性,这使得它能够创造出丰富多样的声音色彩。此外,口腔负责中音的扩大和美化,而中音又是人声中最主要的音区,绝大部分声音信息全都集中在中音区域。因此,能否做到字音的准确饱满、圆润动听,关键取决于口腔共鸣到不到位。

口腔共鸣的关键在于口腔中各器官的"塑型"。口腔中唇、舌、齿、上颚、下颚、下颌等器官的运动都会改变口腔的形状,同样也能改变口腔共鸣的发生位置。有些女性发音尖细刺耳,主要是因为唇舌偏紧、口腔不开,共鸣位置靠前;有些男性声音厚重发闷,主要是软腭松塌、舌根无力,共鸣位置靠后。因此,打开口腔,保持各器官的积极,适度加大口腔容积,创造一个良好的共鸣空间,是强化口腔共鸣、改善音色的关键所在。

口腔"塑型"的要领可以总结成四点——提起颧肌、打开牙关、挺起软腭、放松下巴。

颧肌是脸部眼眶侧下方两块菱形的肌肉,也就是颧骨外的两块肌肉。提起颧肌能使脸部产生"展笑颜开"的感觉,进而带动上唇、下唇、上齿等部位进入积极状态。

牙关是下颌骨与头盖骨相连接的地方,也就是张大嘴时双耳下方两个凹陷的地方。打开牙关能使下口腔下降,同时上口腔也会相应上抬,这样整个口腔的开度便能增大。

软腭位于口腔内部后上方三分之一处,也就是靠近小舌头的那片柔软的区域。挺起软腭能够增加口腔后上方的空间,保证气流能够顺利进入口腔,同时避免气流进入鼻腔产生浓重的鼻音。

放松下巴是指在打开牙关的同时放松口腔下半部肌肉。放松下巴可以使喉部在发音时保持松弛,进而使自喉至口的气息通路保持畅通。松弛的口腔状态更利于良好共鸣空间的形成。

训练

1. 改变唇形

(1) 有些人在发 zh、ch、sh、r、j、q、x、o、u、i、ü 等音时容易撅唇或翘唇,这样发音不但靠前,还容易形成"哨音"等不良音色。解决这个问题,我们可以伸出食指、中指,用指背分别贴在鼻与上唇之间、下唇与下巴之间的位置,使双唇与牙齿轻轻贴住。在这种状态下朗读与上述声母、韵母相关的两字词,体会"唇齿相依"时音色的区别。

(2) 有些人在发 ai、ei、uai、uei、an、ian、üan 等音时容易咧嘴,致使字音偏扁,口腔打不开,共鸣区域靠前。解决这个问题,可以伸出双手的食指,分别贴住自己嘴唇左右两侧唇角位置,控制发音时唇角咧开的趋势,并有意识地将双唇着力位置放到唇中央三分之一处。在这种状态下朗读与上述韵母相关的两字词,体会双唇聚拢时音色的区别。

2. 字音带动口腔

(1) 字音偏前的朋友,往往声音偏薄,口腔共鸣较弱,可以多读一些发音位置较后、口型较大的字,并通过靠后的字来带动发音位置较靠前、口型较小的字,以做到"前音后发"。

光阴	广西	高地	膏剂	钢笔	港丽	供给	工地	沟渠	更替
狂喜	诳语	烤瓷	烤鸡	扛旗	伉俪	空袭	空军	扣题	口语
黄酒	荒谬	耗油	毫米	杭菊	航天	洪水	哄抬	猴急	衡山

（2）字音偏后的朋友，往往声音发闷，口腔状态不积极，可以多读一些发音位置靠前、口型较小的字，并通过靠前的字来带动发音位置较靠后、口型较大的字，以做到"后音前发"。

自豪	最高	怎样	瓷缸	翠黄	存稿	丝毫	岁贡	损耗
医药	义工	银行	音高	眼光	欲望	月光	云岗	远航
健康	激光	建行	全靠	气功	起哄	现况	瞎搞	喜好

四、胸腔共鸣要领

胸腔是人体声道中最大的一个共鸣腔体，承担着人声中低音部分的放大和美化任务。胸腔共鸣的原理和鼻腔共鸣类似，同样也是将喉腔、口腔中形成、放大的声波传到胸腔部位的通路中去，在胸腔中形成共振，进而产生一种声音从胸腔内发出的感觉。

胸腔共鸣的基本前提是，胸腔必须保持放松。具体说来，胸腔肌肉不能太过紧绷，也不能处于较大幅度的运动状态。也就是说，只有腹式呼吸或胸腹联合式呼吸才能获得良好的胸腔共鸣；而胸式呼吸会造成胸腔的频繁起伏运动，不利于胸腔共鸣的产生。

胸腔共鸣能够增加声音的强度和低频的质量，因此对于声音较高较薄的女性，显得尤为重要。一方面，女性由于声带与喉的构造有别于男性，声音偏高偏细，缺乏低频质量；另一方面，女性由于说话习惯的缘故声音偏柔偏软，缺乏声音力度，这些都需要通过胸腔共鸣加以弥补。因此对于女性而言，获得胸腔共鸣需要从端正思想意识做起，明确胸腔共鸣的必要性，从零开始慢慢练习。

而与女性不同，男性对胸腔共鸣的态度则是从一个极端走向另一个极端。许多喜爱朗诵等语言艺术的男性都以拥有雄浑的低音为荣，甚至将胸腔共鸣视为男性阳刚之美的象征。但是，有些人会把胸腔共鸣与发音靠后、压喉混淆在一起，在发音时刻意压低舌根，把声音拼命往后靠。这样发出的声音偏闷、发混，但因为低频部分的能量增强了，使人产生了这就是胸腔共鸣的错觉。对于此类男性而言，加强胸腔共鸣要从改变思想观念开始，明白胸腔共鸣的原理，"归零"之后逐步提升。

真正的胸腔共鸣建立在口腔、喉腔绝对放松、充分共鸣的基础之上。只有这样才能保证从口腔至胸腔的所有声道通畅，声波才能顺利地向胸腔位置传导，引起胸腔声道的共振。这样形成的共鸣是低音和能量感的加强，而不会妨碍字音的准确与清晰。

当然，在练习胸腔共鸣的时候，也不用担心胸腔共鸣过强会对朗诵造成什么负面效果。不同于高频听多了会比较刺耳,低频不会对听觉造成任何疲劳,加上人声语音基本集中在100至1 000赫兹的中低频段,因此只要口腔共鸣充分,中音的扩大和美化得到保障,胸腔"共鸣过度"的情况是不会发生的。

训练

1. 用鼻音带动胸腔共鸣

第一步:双唇紧闭,关闭口腔通路,放松喉部,用接近于气泡音的低音发鼻音"m"的延长音。一只手掌放在胸前双乳之间中丹田位置(大约在衬衫第三粒纽扣处),感受发音时胸腔的振动。

第二步:在感受到发鼻音"m"时的胸腔共鸣后,在"m"后增加一个韵母"u",发"mu"音。前半段发"m"音时保持双唇紧闭、关闭口腔通路,在手掌明确感受到胸腔的振动感后,再逐渐打开口腔,从"m"向"u"转变,同时感受这个过程中胸腔的振动是否依然存在,幅度有没有减弱。

第三步:低音的"mu"较容易感受到胸腔共鸣,在保证"mu"音共鸣效果的前提下,可以尝试用同样的方法发"ma""mo""me""mi",韵母口型越小、发音越靠前,胸腔共鸣可能越弱。尽量保证每一个音都能获得足够的共鸣,同时体会不同韵母间共鸣的差异。

2. 用元音训练胸腔共鸣

第一步:在完成鼻音带动共鸣的联系后,我们可以放掉鼻音声母,直接用"a""o""e""i""u"这样的元音感受发音时的胸腔振动。同样,韵母口型越小、发音越靠前,胸腔振动可能越弱。如果元音发音时振动偏弱,尝试通过加强发音时的气息力度、降低音调等方法增强共鸣。尽量保证每一个音都能获得足够的共鸣,同时体会不同元音间共鸣的差异。

第二步:在感受每一个元音发音时胸腔的振动后,将放在胸口正中的手掌移到胸腔侧面(腋下10~15公分处)及后背位置,感受一下发音时胸腔的这些位置是否同样也有振动的感觉。如果哪个位置的振动偏弱,尝试通过加强发音时的气息力度、降低音调等方法增强共鸣。尽量保证胸腔每一个位置都能感受共鸣所带来的振动。

第三步:在感受每一个元音发音时胸腔不同部位的振动后,尝试将元音发音的音高慢慢上升。通常音高越高,胸腔共鸣的强度越弱。当明显感觉胸腔共鸣不足时,尝试通过加强发音时的气息力度、加大口腔开合等方法适度增强共鸣。当音调上升到一定高度时,胸腔震动感消失,这属于正常现象。但通过练习,即便在女性中音区、男性中高音区依然能够感受到胸腔共鸣的存在。

3. 用字音训练胸腔共鸣

如果在发元音的延长音时感觉不到胸腔共鸣,练习者也可以选择一些送气力度较强的短字音来感受、强化胸腔共鸣。

这个练习同样可以从鼻音"m"做起。手掌放在胸口,鼻子哼鸣,发出一个下降音调(类似于第四声)的短促的鼻音"m",要求发音速度快、力度强,同时音调要尽可能低,感受这个"m"音发出时胸腔瞬间的振动。

然后,同样可以选择在鼻音后带一个元音,用同样的方法——快速、低沉、强力地发出一个短促的"mà""mì""mò",感受字音发出时的胸腔振动。

再进一步,可以更换一个非鼻音声母,如"hà""hì""hò","dà""dì""dò","bà""bì""bò",进行同样的练习,感受胸腔振动。

最后,还可以借助一些其他的训练项目,如训练膈肌弹发的"嘿哈、嘿哈",训练唇齿力度的"噼里啪啦",用较低的音调快速反复地念这些字音组合,同时感受胸腔振动。

需要说明的是,当练习者用手掌感受胸腔共鸣时,要尽可能地把手掌放在胸腔靠下的位置。因为即便是胸腔共鸣很弱的人,当把手掌放在胸腔靠上的位置(如锁骨附近)时,同样能感受到胸腔的振动。但这个振动并不是胸腔共鸣所形成的,而是喉腔中的振动沿着身体骨骼往下"骨传导"而形成的,切不可把喉部的振动错当成是胸腔共鸣。

第四章
朗诵的基本技能

朗诵是以"有声语言"对文学作品的再创作。俗话说:"工欲善其事,必先利其器"。语言和声音是对文学作品进行再创作的工具,这一朗诵工具要求朗诵者必须普通话规范流畅,吐字归音清晰有力,用气发声科学到位。朗诵者还应具有根据朗诵文本的内容和风格灵活自如地调整驾驭声音的能力。

对于朗诵者来说语音纯正、吐字归音到位,呼吸发声方法正确,只能说有了一个良好的开端。要想处理好朗诵文本,准确表达文本的思想情感,还必须具备语言表现的基本技能。这就像足球运动员一样,除了良好的身体素质和跑跳能力外,还必须掌握运球、过人、射门等技术。那么,在语言表现方面所应具备的基本技能是什么呢?通常所说的语言基本技能是指,在表达作品思想情感时所必须运用的基本技术与技巧。概括起来就是:音调的高低、音量的大小、力度的强弱、速度的快慢。它们是构成语气语调千变万化的最基本的条件。本章节中,将这四大基本技能分别进行单一技术训练,讲述基本要领与要求,使朗诵者发现自身的潜能,并在技术上提高语言的表现能力。

第一节 音调的高低

在音量大小的问题中,上几章已经提到过有关音调高低的问题,也论述了这两种技术,是两个完全不同的概念。音调的高低主要是指一个人的声音从高音到低音、从低音到高音音调变化的问题。音调的高低变化是靠声带的拉紧与放松来完成的。声带拉紧变薄音调就会升高;声带放松变厚,那么音调就会降低。一个人的声音音质好坏是先天决定的,因为这完全取决于声带的先天质量。声带天生质量好,这个人的声音就好;声带先天质量差一些,那么这个人的声音再怎么练也不会好到哪里。也就是说在音调高低的问题上,从最高音到最低音之间的音域是先天决定的。有些人天生音域比较宽,高音可以说到很高、低音也可以降到很低。而有些人天生音域很窄,声音高不上去,低不下来。这样的问题是不可能通过训练来解决的,没有一个教师能够把一条坏嗓子训练成一条好嗓子。这就是为什么通过勤学苦练,也不一定能造就出一位歌唱家来的道理。

那么声调高低的训练有些什么呢?嗓子天生不太好的人,是否就不能成为一个好演员了吗?当然不是。首先,训练主要目的并不是要改变先天的音域,而是要让被训练者了解自己声带的能力,也就是说自己音域的最高上限和最低下限。事实上大多数人对自己声带的能力并不了解,在日常生活中极少有机会将自己声带的能力使用到最大限度。有些人偶然在生活中与他人发生冲突、吵架时会大喊,常见的情况是冲突双方都把嗓子喊哑了。这主要是因为他们所用的力气超出了自己声带的极限。当然也有相反的情况,有些人平时讲话细声细气的,但到了关键时刻大喊一声连他自己都没有想到自己的声音会有这么大的威力。通过训练使被训练者了解自己声带的潜力,并尽情地发挥出来。高音部分以不出假声虚声为限。发低音时不能压喉头硬做低音损伤声带。

在引导学习者运用正确的呼吸发声方法找到自身的高低音极限之后,训练的任务就转到练习由高音到低音的阶梯式训练。也就是说要能控制自己的音调在高低音的极限之间上下滑动,在有限的音域中尽可能多的分出一些阶梯,把一个有限的区域划分成无限的"空间"(理论上是可无限划分的)。就像画家用手中的铅笔画素描一样,虽然只有黑白两色,但仍然可以表现世间万物。谁划分的空间越多,谁的声音就越具表现的潜力。这样在以后创造角色时,语言的表现能力就会加强。

这里我们选取一些诗词和骈文作为练习材料。这些诗词大多以描写为主,通过景物的变化来表达心中的情感。诗词本身就具有音乐美,朗诵者在表达诗词中描述的景物的方位和状态时,当然会有明显的高低变化。骈文本身虽有因文害义之伤,但如果作为练习材料,骈文本身的平仄对应之美还是很值得学习的,通过对平仄的感应也可以加强对音调高低变化的感受。

江　雪
［唐］柳宗元

千山鸟飞绝,万径人踪灭。
孤舟蓑笠翁,独钓寒江雪。

次北固山下
［唐］王　湾

客路青山下,行舟绿水前。

潮平两岸阔,风正一帆悬。
海日生残夜,江春入旧年。
乡书何处达?归雁洛阳边。

鸟　鸣　涧
[唐] 王　维

人闲桂花落,夜静春山空。
月出惊山鸟,时鸣春涧中。

望　岳
[唐] 杜　甫

岱宗夫如何?齐鲁青未了。
造化钟神秀,阴阳割昏晓。
荡胸生曾云,决眦入归鸟。
会当凌绝顶,一览众山小。

旅夜书怀
[唐] 杜　甫

细草微风岸,危樯独夜舟。
星垂平野阔,月涌大江流。
名岂文章著,官应老病休。
飘飘何所似,天地一沙鸥。

滕王阁序
[唐] 王　勃

　　豫章故郡,洪都新府。星分翼、轸,地接衡、庐。襟三江而带五湖,控蛮荆而引瓯越。物华天宝,龙光射牛斗之墟;人杰地灵,徐孺下陈蕃之榻。雄州雾列,俊采星驰。台隍枕夷夏之交,宾主尽东南之美。都督阎公之雅望,棨戟遥临;宇文新州之懿范,襜帷暂驻。十旬休假,胜友如云;千里逢迎,高朋满座。腾蛟起凤,孟学士之词宗;紫电青霜,王将军之武库。家君作宰,路出名区;童子何知,躬逢胜饯。

　　时维九月,序属三秋。潦水尽而寒潭清,烟光凝而暮山紫。俨骖𬴂于上路,访风景于崇阿。临帝子之长洲,得天人之旧馆。层台耸翠,上出重霄;飞阁翔丹,下临无地。鹤汀凫渚,穷岛屿之萦回;桂殿兰宫,即冈峦之体势。

　　披绣闼,俯雕甍。山原旷其盈视,川泽纡其骇瞩。闾阎扑地,钟鸣鼎食之家;舸舸迷津,青雀黄龙之舳。云销雨霁,彩彻区明。落霞与孤鹜齐飞,秋水共长天一色。渔舟唱晚,响穷彭蠡之滨;雁阵惊寒,声断衡阳之浦。

遥襟甫畅,逸兴遄飞。爽籁发而清风生,纤歌凝而白云遏。睢园绿竹,气凌彭泽之樽;邺水朱华,光照临川之笔。四美具,二难并。穷睇眄于中天,极娱游于暇日。天高地迥,觉宇宙之无穷;兴尽悲来,识盈虚之有数。望长安于日下,目吴会于云间。地势极而南溟深,天柱高而北辰远。关山难越,谁悲失路之人?萍水相逢,尽是他乡之客。怀帝阍而不见,奉宣室以何年?

嗟乎!时运不齐,命途多舛。冯唐易老,李广难封。屈贾谊于长沙,非无圣主;窜梁鸿于海曲,岂乏明时?所赖君子见机,达人知命。老当益壮,宁移白首之心;穷且益坚,不坠青云之志。酌贪泉而觉爽,处涸辙而相欢。北海虽赊,扶摇可接;东隅已逝,桑榆非晚。孟尝高洁,空余报国之情;阮籍猖狂,岂效穷途之哭!

勃,三尺微命,一介书生。无路请缨,等终军之弱冠;有怀投笔,慕宗悫之长风。舍簪笏于百龄,奉晨昏于万里。非谢家之宝树,接孟氏之芳邻。他日趋庭,叨陪鲤对;今兹捧袂,喜托龙门。杨意不逢,抚凌云而自惜;钟期既遇,奏流水以何惭?

呜呼!胜地不常,盛筵难再;兰亭已矣,梓泽丘墟。临别赠言,幸承恩于伟饯;登高作赋,是所望于群公。敢竭鄙怀,恭疏短引;一言均赋,四韵俱成。请洒潘江,各倾陆海云尔。

滕王高阁临江渚,佩玉鸣鸾罢歌舞。
画栋朝飞南浦云,珠帘暮卷西山雨。
闲云潭影日悠悠,物换星移几度秋。
阁中帝子今何在?槛外长江空自流。

第二节 音量的大小

音量的大小,是指朗诵者对自己声音音量大小的控制能力。音量的大小主要是由气息流量和速度决定的。气息流量大,速度快,则音量就会放大。反之气息流量小,速度慢,音量就会相应地缩小。在教学实践中,很多学生在放大音量的同时,常常会不自觉地把音调提高,这是一种错误的观念造成的。其实音调的高低是由声带的拉紧与放松造成的,而音量的大小是由气息流量决定的,音量与音调完全是两个不同的概念,不能混在一起。

造成这种错误观念的原因是,在日常生活中人们经常会把这两个不同概念的手段结合在一起运用。比如吵架或喊人时,人们会随着自己心情的变化,在加大音量的同时提高自己的音调,这种用法在日常生活中比较常见。但是由于人类的情绪情感相当复杂,戏剧情节变幻无常。就是在日常生活中,人们有时也会以小音量高音调,或大音量低音调来表现自己的某些情绪与感受。因此,在音量的训练中,一定要严格区分这两个概念的界线。要能够做到在各种音调上自如地放大或缩小音量。

大音量必须在正确的呼吸发声状态下,有控制地进行。音量不可能无限制地放大,也不可能无限制地缩小。因为虽然每个人的先天声音条件不同,有的会有很大差异。但是就个人而言,嗓子质量是由先天决定的,它是有自身能力界线的,这个界线是不可能通过训练来超越的,训练只能帮助朗诵者将自身的先天潜能发挥出来。因此大音量训练,对大音量的极限有一个限制的标准:大音量时不能把声音喊破,所谓喊是指不用发声方法,不顾自身嗓子条件地拼命大叫,这种拼命喊叫行为的结果,除了声音质量遭到破坏还会使声带受伤,不管从任何角度看都是要被禁止的。

小音量的训练,主要是要克服朗诵者与观众之间的距离。首先,小音量在发声时必须是实声,不能出现虚声与气声,这是对最小音量的最低限制。因为虚声时,声带振动不完全,声音出来音质很差,声带也很容易受到损害。气声时,声带不振动,完全依靠气息与口腔摩擦发出声音,无论是在朗诵中还是日常生活中,它都是一种极为特殊情况下的讲话方式,与小音量训练不是一个概念上的问题。

其次,小音量状态下的发声吐字,必须能够达到传远的目的。从物理的角度看,当一个声音或一个字发出后,随着传播距离的逐渐扩大,声音或字的讯号强度也是一步步地减弱,直到消失。要想将声音传远就必须加强它的初速度。就像日常生活中人们用水管喷水的道理一样,为了将水喷得远一些,人们通常使用的方法是用力地捏住水管的出水口,当出水口变小时,水的压力自然会变大,初速度提高水就喷得比较远。同样的道理,小音量发声吐字时,唇舌齿牙这些吐字器官的力量相对加强,也就是说增强每个字的字头喷吐力量,提高它的初速度,用力将字"弹"出去。虽然音量很小,但字还是能相对传得比较远。同时还要注意用气息将韵母推送一下,因为字在传远的过程中,信号在传到最后一排观众时损失会比较大,如果韵母不推送,信号的减损依然会造成观众听不清楚台词。

因此,这里选取了一些强控制和弱控制对比比较明显的诗词。所谓强控制是指气息支撑较强,以响亮的实声为主,感情表达比较直接袒露;弱控制则相对气息较为低沉,以小实声或强虚声为主。

人民解放军占领南京
毛泽东

钟山风雨起苍黄,百万雄师过大江。
虎踞龙盘今胜昔,天翻地覆慨而慷。
宜将剩勇追穷寇,不可沽名学霸王。
天若有情天亦老,人间正道是沧桑。

长 征
毛泽东

红军不怕远征难,万水千山只等闲。
五岭逶迤腾细浪,乌蒙磅礴走泥丸。
金沙水拍云崖暖,大渡桥横铁索寒。
更喜岷山千里雪,三军过后尽开颜。

满 江 红
［宋］岳 飞

怒发冲冠,凭栏处、潇潇雨歇。抬望眼、仰天长啸,壮怀激烈。三十功名尘与土,八千里路云和月。莫等闲、白了少年头,空悲切。 靖康耻,犹未雪;臣子恨,何时灭?驾长车、踏破贺兰山缺。壮志饥餐胡虏肉,笑谈渴饮匈奴血。待从头、收拾旧山河,朝天阙!

念奴娇·赤壁怀古
［宋］苏 轼

大江东去,浪淘尽、千古风流人物。故垒西边,人道是、三国周郎赤壁。乱石穿空,惊涛拍岸,卷起千堆雪。江山如画,一时多少豪杰。

遥想公瑾当年,小乔初嫁了,雄姿英发。羽扇纶巾,谈笑间、樯橹灰飞烟灭。故国神游,多情应笑我,早生华发。人生如梦,一尊还酹江月。

蜀 道 难
［唐］李 白

噫吁嚱!危乎高哉!
蜀道之难,难于上青天!
蚕丛及鱼凫,开国何茫然!
尔来四万八千岁,不与秦塞通人烟。

西当太白有鸟道，可以横绝峨眉巅。
地崩山摧壮士死，然后天梯石栈相钩连。
上有六龙回日之高标，下有冲波逆折之回川。
黄鹤之飞尚不得过，猿猱欲度愁攀援。
青泥何盘盘，百步九折萦岩峦。
扪参历井仰胁息，以手抚膺坐长叹。
问君西游何时还？畏途巉岩不可攀！
但见悲鸟号古木，雄飞雌从绕林间。
又闻子规啼夜月，愁空山。
蜀道之难，难于上青天，使人听此凋朱颜。
连峰去天不盈尺，枯松倒挂倚绝壁。
飞湍瀑流争喧豗，砯崖转石万壑雷。
其险也如此，嗟尔远道之人胡为乎来哉！
剑阁峥嵘而崔嵬，一夫当关，万夫莫开。
所守或匪亲，化为狼与豺。
朝避猛虎，夕避长蛇，磨牙吮血，杀人如麻。
锦城虽云乐，不如早还家。
蜀道之难，难于上青天，侧身西望长咨嗟！

雨 霖 铃
[宋]柳 永

寒蝉凄切，对长亭晚，骤雨初歇。都门帐饮无绪，方留恋处，兰舟催发。执手相看泪眼，竟无语凝噎。念去去、千里烟波，暮霭沈沈楚天阔。　多情自古伤离别，更那堪、冷落清秋节。今宵酒醒何处？杨柳岸、晓风残月。此去经年，应是良辰好景虚设。便纵有、千种风情，更与何人说！

江 城 子
乙卯正月二十日夜记梦
[宋]苏 轼

十年生死两茫茫，不思量，自难忘。千里孤坟，无处话凄凉。纵使相逢应不识，尘满面，鬓如霜。　夜来幽梦忽还乡，小轩窗，正梳妆。相顾无言，惟有泪千行。料得年年肠断处，明月夜，短松冈。

卜算子·咏梅
[宋] 陆　游

驿外断桥边，寂寞开无主。已是黄昏独自愁，更著风和雨。　　无意苦争春，一任群芳妒。零落成泥碾作尘，只有香如故。

茅屋为秋风所破歌
[唐] 杜　甫

八月秋高风怒号，卷我屋上三重茅。
茅飞渡江洒江郊，高者挂罥长林梢，下者飘转沉塘坳。
南村群童欺我老无力，忍能对面为盗贼，公然抱茅入竹去。
唇焦口燥呼不得，归来倚杖自叹息。
俄顷风定云墨色，秋天漠漠向昏黑。
布衾多年冷似铁，娇儿恶卧踏里裂。
床头屋漏无干处，雨脚如麻未断绝。
自经丧乱少睡眠，长夜沾湿何由彻！
安得广厦千万间，大庇天下寒士俱欢颜，风雨不动安如山？
呜呼！何时眼前突兀见此屋，吾庐独破受冻死亦足！

第三节　力度的强弱

　　所谓语言力度的强弱是指人们讲话时，由于面对的人物与事件的不同，人的心情、态度也会有所变化。这些心理变化反映在语言表达上，就会造成发音吐字上的力量强弱变化。当人情绪激动要表达自己绝不让步的决心时，吐字发音力度就会很强。在文学作品中经常会用"斩钉截铁""铿锵有力"等形容词来描述，"咬牙切齿"则表现那种痛恨到极点的愤怒情绪。

　　"咬牙切齿"这个词，非常典型而且形象地把人在那样一种情绪中的状态反映了出来。仿佛人要把自己所痛恨的东西拿来咬碎，才能缓解心头之恨。虽然人类社会已经很进化很发达了，但是人们在处理某些事情时，还是喜欢使用比较原始的方法。如人发明了交通工具，但这并不妨碍人的跑步，因为运动是人天性中的一部分，只有跑步这种最原始的方法才能满足人的心理需求。在所有的警匪片中，正义的英雄在最后胜利时,导演总是要安排他扔掉所有的现代化武器,赤手空拳地将匪徒痛打一番,答案只有一个就是解恨。因为在所有观众心目中现代化武器虽然有效,但总不如一顿原始的老拳来得痛快。如果观察一下自己就不难发现,当自己发火时也经常会咬着牙说话、吐字的力量非常强,每个字都好像子弹一样从嘴里喷射出去。

当人遇到自己喜欢的事和人的时候,说话时的吐字力度就会减弱,甚至变得异常柔和,这时的语言如"和风细雨""春风拂面"。减弱语言力度,柔和地讲话,是人们表达心中柔情的一种方式。俗话说"捧在手里怕摔着,含在嘴里怕化了",就是形容人们对某些人或事的小心、珍视。落实到语言的情感表达中,就体现在吐字力度的轻柔程度。比如情人之间的谈情说爱,好朋友之间的倾心交谈等大体上都是这样。

力度强的控制,主要是气息与吐字器官唇、舌、齿、牙动作的配合。强力度时,气流要有较强的冲击力和弹动力,唇舌齿牙在声母成阻时力量加重,除阻时爆破音、摩擦音的爆破摩擦现象相对被强化。韵母在气息的作用下,响亮但比较短促。

力度弱时,唇舌齿牙的动作在字音不变的前提下尽量减轻动作的力量,轻柔地吐字,气息稳定而舒缓地托住韵母向前推送,韵母也要相对拉长一些,收韵尾时要注意采取渐弱的方式来收尾,这样吐字的力度就会自然而然地减弱下来。

这里选取了两个说表的练习材料。

莽撞人

后汉三国有一位莽撞人,自从桃园三结义以来,大哥姓刘名备字玄德,家住大树楼桑。二弟姓关名羽字云长,家住山西蒲州解梁县。三弟姓张名飞字翼德,家住涿州范阳郡。后续四弟,姓赵名云字子龙,家住镇定府常山县,百战百胜,后称为常胜将军。只皆因长坂坡前一场鏖战,那赵云单枪匹马闯入曹营,砍倒大旗两杆,夺槊三条,马落陷坑,堪堪废命。曹孟德在山头之上,见一穿白小将,白盔、白甲、白旗靠、坐骑白龙马,手使亮银枪,实乃一员勇将。心想,我若收服此将,何愁大事不成!心中就有爱将之意。暗中有徐庶保护赵云,徐庶进得曹营一语未发,今日一见赵将军马落陷坑,堪堪废命,口尊:"丞相,莫非有爱将之意?"曹操言道:"正是!"徐庶言道:"何不收留此将?"曹操急忙传令:"令出山摇动,三军听分明,我要活赵云,不要死子龙,倘有一兵一将伤害赵将军之性命,五十一员战将八十三万大军,与他一人抵命。"众将闻听不敢前进,只有后退。那赵云一仗怀揣幼主,二仗常胜将军之特勇,杀了个七进七出,这才闯出重围。曹操一见,这样勇将焉能放走?在后面紧紧追赶,追至当阳桥前,张飞赶到,高叫:"四弟,不必惊慌,某家在此,料也无妨。"将赵云的人马让过。曹操赶到不见赵云,只见一黑脸大汉,立于桥上,曹操忙问夏侯惇:"这黑脸大汉,他是何人?"夏侯惇言道:"他乃张飞,一莽撞人",曹操闻听,大吃一惊,想当初关公在白马坡斩彦良之时,曾对某家言道,他有一结拜三弟,姓张名飞,字翼德,在百万军中取上将之首级,如探囊取物,反掌观纹一般。今日一见,果然英勇。"撤去某家青罗伞盖,观一观莽撞人的武艺如何。"青罗伞盖撤下,只见张飞豹头环眼,面如韧铁,黑中透亮,亮中透黑。颌下扎里扎煞一副黑钢髯,犹如钢针,恰似铁线。头戴镔铁盔,二龙斗宝,珠缨飘洒,上嵌八宝,云罗伞盖花冠于长,身披锁字大叶连环甲,内衬皂罗袍,足蹬虎头战靴。胯下马,万里烟云兽,手使丈八蛇矛。站在桥头之上,咬牙切齿,捶胸愤恨大骂:"曹操听真!呔!今有你家张三爷在此,尔等或攻,或战,或进,或退,或争,或斗,不攻,不战,不进,不退,不争,不斗,尔乃匹夫之辈。"大喊一声,曹兵退后;大喊二声,顺水横流;大喊三声,把当阳桥喝断。后人有诗赞之曰:"长坂坡前救赵云,喝退曹操百万军,姓张名飞字翼德,万古流芳莽撞人!"

三寸金莲
冯骥才

人说,小脚里头,藏着一部中国历史,这话玄了!三寸大小脚丫子,比烟卷长点有限,成年论辈子,给裹脚布裹得不透气,除去那股子味儿,里头还能有嘛?

历史一段一段。一朝兴,一朝亡。亡中兴,兴中亡。兴兴亡亡,扰得小百姓不得安生,碍吃碍喝,碍穿碍戴,可就碍不着小脚的事儿。打李后主到宣统爷,女人裹脚兴了一千年,中间换了多少朝代,改了多少年号,小脚不一直裹?历史干它嘛了?上起太后妃子,下至渔女村姑,文的李清照,武的梁红玉,谁不裹?猴不裹,我信。

大清入关时,下一道令,旗人不准裹脚,还要汉人放足。那阵子大清正凶,可凶也凶不过小脚。再说凶不凶,不看一时。到头来,汉人照裹不误,旗人女子反倒瞒爹瞒妈,拿布悄悄打起"瓜条儿"来。这一说,小脚里别有魔法吧!

魔不魔,且不说。要论这东西的规矩、能耐、讲究、修行、花招、手段、绝招、隐秘,少说也得三两天。这也是整整一套学问。我可不想蒙哪位,这些东西,后边书里全有。您要是没研究过它,还千万别乱插嘴;您说小脚它裹得苦,它裹得也挺美呢!您骂小脚它丑,嘿,它还骂您丑哪!要不大清一亡,何止有哭有笑要死要活,缠了放放了缠,再缠再放再放再缠。那时候人,真拿脚丫子比脑袋当事儿。您还别以为,如今小脚绝了,万事大吉。不裹脚,还能裹手、裹眼、裹耳朵、裹脑袋、裹舌头,照样有哭有笑要死要活,缠缠放放放放缠缠,放放缠缠缠缠放放。这话要再说下去,可就扯远了。这儿,只说一个小脚的故事。故事原带着四句话:

说假全是假,

说真全是真;

看到上劲时,

真假两不论。

您自管酽酽沏一壶茉莉花茶,就着紫心萝卜芝麻糖,边吃边喝,翻一篇看一篇,当玩意儿。要是忽一拍脑门子,自以为悟到嘛,别胡乱说,说不定您脑袋走火,想岔了。

今儿,天津卫犯邪。

赶上这日子,谁也拦不住,所有平时见不到也听不到的邪乎事,都挤着往外冒。天一大早,还没亮,无风无雨,好好东南城角呼啦就塌下去一大块,赛给火炮轰的。

邪乎事可就一件接一件来了。

第四节 速度的快慢

作为朗诵的语言基本功训练,要能够随心所欲地控制自己吐字的速度节奏。说得快的同时,要把每个字吐清楚。也就是说发音要完整准确,唇、舌、齿、牙这些吐字器官要相互配合,在极短的时间内,准确地完成自己的动作。说得慢,有时比说得快还要难以把握。因为它需要一定的气息把韵母托住,同时还不能把句子念破,不能让听众以为你是在读单字。当然更不能把一个字拖得声母韵母分开变成两个字。这里的速度节奏,不是指说得越快越好,而是既要能说得快,又要会说得慢。不管是"快"还是"慢"都要符合前面所讲的"气息、发声""吐字归音"的要求。快要求清楚准确,快而不乱;慢要求词句完整,慢而不断。快时应控制气息节约使用,唇、舌、齿、牙迅速到位,干净利索,不能拖泥带水;慢时要靠小腹的力量用较大的气流托住元音,使之尽可能慢地送出。同时还要练习吐字由快到慢,由慢到快均匀加速和均匀减速的技巧。总之是要训练演员对"气""声""字"的控制能力。

训练中特别值得注意的是,训练自己保持语音变化空间的能力。换句话说,不管是用最快的速度,还是最慢的速度,或者是任何速度,演员都能够改变语气、语调,表现一定的情绪情感。变化的能力是表演的生命。能把话说得很快或很慢的人多得是,但说得快又能表达人物丰富情感的人就不多见了,因为这需要刻苦的训练。

练习者要懂得一切事物的两极都是相互依存的关系。没有慢就无所谓快,没有快也就显不出慢。速度节奏的训练中要特别注重对速度变化的训练,所谓快速或慢速都是相对而言。在一个指定的速度中,也要追求变化,不能把每个字都读得一样,否则就无法表达任何情绪情感。这里说的指定速度,指的是一段文字的基调,是相对其他文字作品而言的。我们在表达时,是在总体上把握作品基调的速度,而在具体处理作品内容时,还是要追求高低起伏快慢缓急的变化。只是这些变化要严格地控制在基调速度的框架之内。语言速度节奏的训练,绝不只是单纯的速度快慢训练,它的训练核心,应当是在指定的语言速度中,如何追求语气语调的变化,以表达作品的情绪情感。

音量大小,音调高低,速度快慢,力度强弱,这四项基本能力,是组成语气语调的基本要素。在实际运用中它们相互配合,幻化出丰富的语气语调,来表达人类复杂多变的情绪情感。前面在讲到音调高低问题时,曾提到声音的阶梯练习,其实在其他三项技能训练中这个问题也同样存在。音量从大到小的阶梯、速度从快到慢的阶梯,力度从强到弱的阶梯。在语言基本功训练中,这是一个极其重要的训练项目。这种阶梯变化就像绘画中的素描一样。素描只用一支铅笔在纸上作画,画家利用黑白两色的明暗对比来表现他所看到的事物。画家控制着黑色的深浅度,使画面的明暗对比色,分出千百种不同的层次,层次分得越多,立体感就越强。就语言基本功来讲,这种阶梯训练的道理也是一样的。不管是音量大小、速度快慢还是音调高低、力度强弱,都要在高低、大小、快慢、强弱的两极之间,分出尽可能多的层次阶梯。从理论上讲两极之间的层次是无限可分的,就像把一张纸从中间剪开,理论上可以无限地剪下去,但前提是要有一把能作这样工作的剪刀。层次阶梯分得越多,语言表达的能力就强。同时还要能够自如地控制层次阶梯的变化,从一个阶梯均速均量地滑向另一个阶梯。以速度为例,从慢到快一个字一个字地加速,或由快到慢一个字一个字地减速。在几个字,甚至一个字里完成加速减速等。这些也都是练习者在语言方面必须具备的基本能力。这种驾驭四项基本技能的能力越强,练习者的语言功力也就越深厚。因此,语言训练的基本功练习,如果只是满足于在"气""声""字"的字正腔圆上是远远不够的,还必须进行大量艰苦的纯技术训练,才能胜任角色创作的任务。

速度的练习有时还依赖于理解和设计,不一定非要按照所谓的规律和习惯来,完全可以按照自己的想法重新安排。

练习材料除了贯口和有一定篇幅、可以铺开展示的长诗之外,那些格式比较单

一、情感变化看似不大的材料，更需要在节奏上进行设计。

报 花 名

　　花圃里有人称"花中之王"的红牡丹、白牡丹、粉红牡丹，还有：芍药、玫瑰、蔷薇、朱槿、米兰和栀子花，昙花、樱花、芜花、桂花、茶花、金银花、金盏花、金芙蓉、金鸟花、月光花、鸡冠花、凤仙花、杜鹃花、喇叭花、玉簪花、玉兰花、玉蝉花、燕子花、蝴蝶花、天女花、八仙花、海棠花、海桐花、腊梅花、太平花、石榴花、石楠花、石菖蒲、十样锦、夹竹桃、美人蕉、美人樱、虞美人、洋绣球、晚香玉、百里香、满天星、一品红、千日红、月月红、满堂红、紫丁香、紫茉莉、紫罗兰、紫藤罗，水浮莲、子午莲、菖蒲莲、并蒂莲、西番莲、蟹爪莲、半边莲，仙人掌、仙人鞭、仙人球、仙客来。兰花有：春兰、蕙兰、建兰、凤兰、珠兰、马兰、君子兰、一叶兰。还有好多好多的菊花，紫的、红的、粉的、黄的、白的和淡绿的、黑紫的，这里有夏菊、翠菊、洋菊、墨菊、藤菊、千日菊、佛头菊、金鸡菊、延命菊、万寿菊，真是，百花争艳，四季如春，数也数不尽，看也看不完。

报 菜 名

　　蒸羊羔，蒸熊掌，蒸鹿尾儿。烧花鸭、烧子鹅、炉猪、炉鸭、酱鸡、腊肉、松花小肚儿、晾肉香肠。什锦酥盘儿、熏鸡、白肚儿、清蒸八宝猪、江米酿鸭子。罐焖鸡、罐焖鸭、山鸡、兔脯儿、菜蟒银鱼、清蒸哈士玛。烩鸭丝、烩鸭腰、烩鸭条、清拌鸭丝。焖黄鳝、焖白鳝、豆豉鲇鱼、锅烧鲤鱼、清蒸甲鱼。抓炒鲤鱼、抓炒面鱼、软炸虾腰、软炸鸡。炸白虾、炝青虾、炸面鱼、炝竹笋。汆银鱼、溜黄菜、芙蓉燕菜、炒虾仁儿、烩虾仁儿、烩银丝、烩海参、烩鸽蛋、炒蹄筋儿。蒸南瓜、酿冬瓜、炒丝瓜、酿倭瓜。焖鸡掌、焖鸭掌、溜鲜蘑儿、溜鱼脯儿、溜鱼肚儿、溜鱼骨儿、溜鱼片儿、醋熘鱼片、三鲜苜蓿汤。红丸子、白丸子、苏造丸子、南煎丸子、干炸丸子、落炸丸子、三鲜丸子、四喜丸子、葱花儿丸子、豆腐丸子。一品肉、马牙肉、红焖肉、白片肉、樱桃肉、米粉肉、坛子肉、炖肉、大肉、松肉、烤肉、酱肉、酱豆腐肉。烧羊肉、烤羊肉、涮羊肉、五香羊肉、煨羊肉；汆三样儿、爆三样儿、清炒三样儿、烩虾子儿、溜白杂碎、三鲜鱼翅、粟子鸡、煎汆活鲤鱼、板鸭、筒子鸡。

报 书 目

　　学戏剧，搞文艺，要多读书，勤学习。中外名著，不可不读，成千上万的书目，丰盈无数，列举一些供您选读：

　　暴风雨、茶花女、包身工、华盖集、十日谈、洪波曲、红与黑、双城记、女神、月牙儿、三国演义、春寒、伤逝、狂人日记、战争风云、彼得大帝、啼笑姻缘、聊斋志异、暴风骤雨、封神演义；

呐喊、彷徨、四世同堂、剥削世家、百万英镑、为了生活、卖花姑娘、为了生命、珍妮姑娘、小家碧玉、城市姑娘、悲惨世界、被抛弃的姑娘；

西厢记、西游记、播火记、大刀记、铜墙铁壁、老残游记、木偶奇遇记、官场现形记、格里佛游记、地覆天翻记、基度山恩仇记、鲁滨逊漂流记；

家，春，秋，寒夜、子夜、白夜、日日夜夜、一千零一夜；

红楼梦、蝴蝶梦、海的梦、金钱梦、银色的梦、金陵春梦；

林家铺子、骆驼祥子、我的儿子、我这一辈子、少奶奶的扇子、第十四个儿子；

手的故事，英雄的故事、悲惨的故事、红松岭的故事、意大利的故事、一个诗人的故事、卓娅和舒拉的故事、洋铁桶的故事、一个女人翻身的故事、牧师和他的工人巴尔达的故事、爱情，疯狂与死亡的故事。

复活、苦力、结婚、登记、腐蚀、幻灭、野草、点滴、追求、光明、罗亭、神曲、火马、火葬、偷生、赶集、红日、红岩、红潮、红旗、简爱、考验、火炬、火线、伙计、霍乱、初恋、初欢、金星、金钱、金螺、金罐、回顾、回浪、勇敢、丹娘、海燕、还乡、大街、地粮、母亲、故乡、海鸥、海狼；

第一名字、第一次嘉奖、第二次握手、第二颗心脏、第三次列车、静静的顿河、好兵帅克、堂·吉诃德。

中外名著，千千万万，历数不尽，请您自己多多去看。

长 恨 歌
［唐］白居易

汉皇重色思倾国，御宇多年求不得。
杨家有女初长成，养在深闺人未识。
天生丽质难自弃，一朝选在君王侧。
回眸一笑百媚生，六宫粉黛无颜色。
春寒赐浴华清池，温泉水滑洗凝脂。
侍儿扶起娇无力，始是新承恩泽时。
云鬓花颜金步摇，芙蓉帐暖度春宵。
春宵苦短日高起，从此君王不早朝。
承欢侍宴无闲暇，春从春游夜专夜。
后宫佳丽三千人，三千宠爱在一身。
金屋妆成娇侍夜，玉楼宴罢醉和春。
姊妹弟兄皆列土，可怜光彩生门户。
遂令天下父母心，不重生男重生女。

骊宫高处入青云,仙乐风飘处处闻。
缓歌慢舞凝丝竹,尽日君王看不足。
渔阳鼙鼓动地来,惊破霓裳羽衣曲。
九重城阙烟尘生,千乘万骑西南行。
翠华摇摇行复止,西出都门百余里。
六军不发无奈何,宛转蛾眉马前死。
花钿委地无人收,翠翘金雀玉搔头。
君王掩面救不得,回看血泪相和流。
黄埃散漫风萧索,云栈萦纡登剑阁。
峨嵋山下少人行,旌旗无光日色薄。
蜀江水碧蜀山青,圣主朝朝暮暮情。
行宫见月伤心色,夜雨闻铃断肠声。
天旋地转回龙驭,到此踌躇不能去。
马嵬坡下泥土中,不见玉颜空死处。
君臣相顾尽沾衣,东望都门信马归。
归来池苑皆依旧,太液芙蓉未央柳。
芙蓉如面柳如眉,对此如何不泪垂。
春风桃李花开日,秋雨梧桐叶落时。
西宫南内多秋草,落叶满阶红不扫。
梨园弟子白发新,椒房阿监青娥老。
夕殿萤飞思悄然,孤灯挑尽未成眠。
迟迟钟鼓初长夜,耿耿星河欲曙天。
鸳鸯瓦冷霜华重,翡翠衾寒谁与共?
悠悠生死别经年,魂魄不曾来入梦。
临邛道士鸿都客,能以精诚致魂魄。
为感君王辗转思,遂教方士殷勤觅。
排空驭气奔如电,升天入地求之遍。
上穷碧落下黄泉,两处茫茫皆不见。
忽闻海上有仙山,山在虚无缥缈间。
楼阁玲珑五云起,其中绰约多仙子。
中有一人字太真,雪肤花貌参差是。
金阙西厢叩玉扃,转教小玉报双成。
闻道汉家天子使,九华帐里梦魂惊。

揽衣推枕起徘徊，珠箔银屏迤逦开。
云鬓半偏新睡觉，花冠不整下堂来。
风吹仙袂飘飘举，犹似霓裳羽衣舞。
玉容寂寞泪阑干，梨花一枝春带雨。
含情凝睇谢君王，一别音容两渺茫。
昭阳殿里恩爱绝，蓬莱宫中日月长。
回头下望人寰处，不见长安见尘雾。
唯将旧物表深情，钿合金钗寄将去。
钗留一股合一扇，钗擘黄金合分钿。
但教心似金钿坚，天上人间会相见。
临别殷勤重寄词，词中有誓两心知。
七月七日长生殿，夜半无人私语时。
在天愿作比翼鸟，在地愿为连理枝。
天长地久有时尽，此恨绵绵无绝期。

人 民 万 岁
王怀让

你从韶山水田的黄色的阡陌上走来
你从安源煤矿的黑色的巷道里走来
你从湘乡的那棵垂挂着许多苦难的老槲树下走来
你从长沙的那口映照着许多血泪的清水塘畔走来
你走来
径直走上天安门城楼
向着创造历史的人民
用深沉的湖南口音高呼——
人民万岁

你从能够望到民族志气的上海望志路走来
你从可以看穿世纪风雨的南湖烟雨楼走来
你从八百里井冈的很有特色的中国秋收里走来
你从二万里长征的很有气魄的中国的长跑里走来
你走来
大步走上天安门城楼

向着改造历史的人民
用洪亮的湖南口音高呼——
人民万岁

你从万里雪飘的北国风光走来
你从顿失滔滔的大河上下走来
你从《史记》里的秦皇汉武的赫赫武功中走来
你从《资治通鉴》中的唐宗宋祖的奕奕文采里走来
你走来
很现实地走上天安门城楼
向着扭转乾坤的人民
用可以穿透乾坤的湖南口音高呼——
人——民——万——岁

你从照耀人民智慧的西江月辉里很抒情地走来
你从奔腾人民力量的满江红浪里很激情地走来
你从《送瘟神》的浮想联翩的兴奋的韵脚中走来
你从《到韶山》的夜不成寐的振奋的平仄里走来
你走来
很浪漫地走上天安门城楼
向着叱咤风云的人民
用可以驾驭风云的湖南口音高呼——
人——民——万——岁

你走上天安门城楼是为了高呼人民万岁
人民才会用自己的身躯把天安门托得如此峨峨巍巍
你走上天安门城楼是为了高呼人民万岁
人民才会用自己的血汗把天安门染得这样如描如绘
这就是你教给我们的真理
呼人民万岁的人
他活着的时候
人民才会向着他高呼万岁

你走上天安门城楼是为了高呼人民万岁
把握历史的人民才会让你在史册上永放光辉
你走上天安门城楼是为了高呼人民万岁
主宰世界的人民才会让你在世界上万古永垂
这就是你教给我们的哲学
呼人民万岁的人
呼人民万岁的人
他走了
他的思想
却可以万岁、万岁、万万岁
人民万岁
人民万岁
人——民——万——岁

切·格瓦拉（节选）

哪里有欺男霸女
哪里有祸国殃民
哪里朱门酒肉臭
哪里路有冻死骨
哪里就有正义的血脉贲张
哪里就有正义的怒发冲冠
哪里就有正义的刀出鞘
哪里就有格拉玛号启航
启航！
启航！启航！
前往陈胜吴广大泽乡
前往斯巴达克角斗场
前往天南地北三条石
前往古往今来收租院
前往黑奴遭绑遭押的地方
前往土著被驱被杀的地方
前往弱小民族抗英抗日的地方
前往贫苦乡亲抗税抗捐的地方

前往犹太民族走投无路的地方
前往巴勒斯坦人无家可归的地方
前往巴黎公社战士最后倒下的地方
前往阿连德总统永垂不朽的地方
前往前南母亲默默流泪的地方
前往战斧导弹满天飞舞的地方
前往大亨寡头翻云覆雨的地方
前往黎民百姓任人宰割的地方
前往富婆款姐挥金如土的地方
前往布衣寒士度日如年的地方
前往一枚公章变万贯家财的地方
前往一生辛劳化一无所有的地方
前往道义良知烟消火息的地方
前往黑暗邪恶卷土重来的地方
前往需要火需要亮需要我声音的地方
前往需要刀需要剑需要我臂膀的地方

第五章
朗诵的外部技巧

朗诵是一门语言的艺术,情感体验的艺术,也是需要技巧的艺术。朗诵文学作品,如果经过认真地选择作品和感悟作品后,并希望突出体现作品的艺术形象,达到较高的艺术境界,那便应该运用技巧手段使作品的思想情感表现得更加准确、鲜明、生动,富有更强的表现力与感染力。

朗诵的感染力、震撼力很大程度取决于所选曲目及表演水平。

朗诵的对象主要为悦耳上口的文学性作品,如诗歌、散文、寓言、小说、话剧和影视剧中的独白、对白片段等。朗诵是二度创作,它比书面语言更具表现力的方面是有声语言具有的独特的语气语调。朗诵极为注重重音、停连、语气、节奏的技巧处理,富有很强的音乐性及感情色彩。

除了具备语音和声音这两个基础条件及气息控制等基本功以外,朗诵还需要在表达方面具有一定的技巧。能否定准作品朗诵的总基调,能否恰当地把握住朗诵时的语气语调,能否根据作品的内容、情感和句式等诵读出相应抑扬、顿挫、轻重、缓急等多样形态,是朗诵者处理好朗诵作品必不可少的外功。

现实中,即使是几个字组成的一句话,也可以通过不同的语调呈现出不同的语气,产生不同的效果。比如:"下雨了"在设定的不同语境中,会有多种语调表现形式,进而会产生高低起伏强弱快慢等不同的变化。因此,掌握语调的轻重、缓急、抑扬、顿挫的技巧手段是很有必要的,它能够将世界上各种语境下的语义表达得更为准确、生动、精彩。

第一节 重 音

为了将思想表达得清楚明白,人们讲话时经常要将一句话中的某些重要成分(字或词)加以强调,这些被特意强调的成分(字或词),我们叫它重音。重音可分为语法重音与逻辑重音两大类。

一、语法重音

语法重音是根据语法结构来确定重音。在一句话中有主语、谓语、宾语、定语、状语、补语等许多语法成分。在口头表达时,必须把句子所要表达的"在什么地方?""怎样的?""如何?""为什么?"等讲述清楚。因此,从语法结构来看,重音往往是放在定语、状语、补语等语法成分上。

例如:娇艳的玫瑰花

　　　河神庙台阶上坐着一个人

　　　他的脸红得像个紫茄子

来看这样一段新闻稿件:

社会和谐是中国特色社会主义的本质属性,是国家富强、民族振兴、人民幸福的重要保证。构建社会主义和谐社会,是我们党以马克思列宁主义、毛泽东思想、邓小平理论和"三个代表"重要思想为指导,全面贯彻落实科学发展观,从中国特色社会主义事业总体布局和全面建设小康社会全局出发提出的重大战略任务,反映了建设富强民主文明和谐的社会主义现代化国家的内在要求,体现了全党全国各族人民的共同愿望。

句子较长,涉及的名词很多,乍一看去觉得很多词都不能不强调。于是,这样的段落常常会被读得铿锵有力,但是很难听懂到底要表达什么!实际上,这个段落看上去复杂,但语法关系十分简单:主语——(构建社会主义)和谐社会,谓语——是,宾语——本质属性、重要保证、重大战略任务、内在要求、共同愿望。也就是说,这一段的核心思想是为了告诉我们社会和谐是什么?我们为什么要构建社会主义和谐社会。所以,语法关系中的宾语就显得非常重要,至于这些宾语的修饰成分就变成次重音或非重音了。

明白句子的语法关系是最基本的表意需要。特别是碰到长句子或者语意不是非常明确的时候,就更需要理出句子的基本架构和语法成分,从而清晰地表情达意。

语法关系如果大而化之,还涉及文章的整体架构和布局谋篇。又如这篇文章:

在浩瀚无垠的沙漠里,有一片美丽的绿洲,绿洲里藏着一颗闪光的珍珠。这颗珍珠就是敦煌莫高窟。它坐落在我国甘肃省敦煌市三危山和鸣沙山的怀抱中。

鸣沙山东麓是平均高度为十七米的崖壁。在一千六百多米长的崖壁上,凿有大小洞窟七百余个,形成了规模宏伟的石窟群。其中四百九十二个洞窟中,共有彩色塑像两千一百余尊,各种壁画共四万五千多平方米。莫高窟是我国古代无数艺术匠师留给人类的珍贵文化遗产。

莫高窟的彩塑,每一尊都是一件精美的艺术品。最大的有九层楼那么高,最小的还不如一个手掌大。这些彩塑个性鲜明,神态各异。有慈眉善目的菩萨,有威风凛凛的天王,还有强壮勇猛的力士……

莫高窟壁画的内容丰富多彩,有的是描绘古代劳动人民打猎、捕鱼、耕田、收割的情景,有的是描绘人们奏乐、舞蹈、演杂技的场面,还有的是描绘大自然的美丽风光。其中最引人注目的是飞天。壁画上的飞天,有的臂挎花篮,采摘鲜花;有的反弹琵琶,轻拨银弦;有的倒悬身子,自天而降;有的彩带飘拂,漫天遨游;有的舒展着双臂,翩翩起舞。看着这些精美动人的壁画,就像走进了灿烂辉煌的艺术殿堂。

莫高窟里还有一个面积不大的洞窟——藏经洞。洞里曾藏有我国古代的各种经卷、文书、帛画、刺绣、铜像等共六万多件。由于清朝政府腐败无能,大量珍贵的文物被外国强盗掠走。仅存的部分经卷,现在陈列于北京故宫等处。

莫高窟是举世闻名的艺术宝库。这里的每一尊彩塑、每一幅壁画、每一件文物,都是中国古代人民智慧的结晶。

在读第二段的时候,很多人会习惯性地将重音放在数字上,强调彩塑有多少尊,壁画有多少平方米。但是,实际上,这里的彩塑和壁画是主人公,是第一次出现,它们才应该是重音。请看下面两段,分别介绍的就是莫高窟的彩塑和壁画。

另外这篇文章中还有这样两个句子,"莫高窟是我国古代无数艺术匠师留给人类的珍贵文化遗产""都是中国古代人民智慧的结晶"。别看这样的句子不起眼,但是很多人在读这样的句子的时候会不自觉地把很多修饰成分读得很重,如第一个句子中的"无数""艺术匠师""珍贵""文化遗产"。这里的几个重音其实无所谓哪个对、哪个错,放在这几个词中的哪一个上面都可以,都可以表达几乎相同的意思,虽然略有差别,但不会影响对核心内容的理解。只要不是通篇强调,哪个词都舍不得放下就好,否则都是重音,等于没有重音。

二、逻辑重音

逻辑重音是指当人们表达思想时,就自己特别希望强调的内容加以重点突出,从而使句子的含义更加明确,不使听者产生误解。斯坦尼斯拉夫斯基曾经说过:逻辑重音包含着潜台词的灵魂。这个"潜台词"就是说话者所要表达的最真实、最本质的含义。

例如：我知道你很会唱歌（别人不知道）

我知道你很会唱歌（你不要再骗我了！）

我知道你很会唱歌（别人是否会不知道）

我知道你很会唱歌（唱的不是一般水平）

我知道你很会唱歌（其他的会不会我不知道）

从这个例子可以看出，随着重音符号从前向后滑动，同样一句话，语言内在的潜台词（说话者所要传达的精确含义）也在不断地变化。这就是逻辑重音在语言表达中所起的作用。

值得注意的是，在实际工作中，我们不能把"重音"错误地理解为重读，很多人往往会在这个问题上出现迷茫。实际朗诵时，很多人在处理重音方面，见了重音就只会用重读的方法来体现，其实重读只是朗诵者处理重音的其中一种方法，除此，还有很多其他的方法。有的时候可以在需要强调的重音前面加一个停顿，来处理这个重音。有的时候重音反而是用"轻读"来体现。如：安徒生童话《卖火柴的小女孩》中的最后一句，"冬天的太阳升起来了，小女孩……她死了。"，这个"死"字，在处理时反而是轻读，这样更能够体现此情此景中作者那种悲凉、惋惜情绪。如果换成重读，整个结尾的气氛与基调就会被完全破坏。

重音的处理是由朗诵者对作品的具体感受和需要突出的语义及情感来决定的。我们应当把重音的"重"理解为"重点""突出"的意思，而非"轻重"的"重"。重音的处理方法可以说是千变万化的，原则只有一个，那就是突出。

逻辑关系更为注重的是突出内在意蕴和情感，来看这样几个例子。

1. 人生得意须尽欢，莫使金樽空对月。

2. 中国共产党创造了世界政党史上生生不息、奋之弥坚的一个典范。

3. "我刚才可能对你太凶了，"父亲说。"我不应该发那么大的火儿——这是你要的十美金。""爸，谢谢您！"孩子高兴地从枕头下拿出一些被弄皱的钞票，慢慢地数着。

4. 长城的文明是一种僵硬的雕塑，它的文明是一种灵动的生活。

例1中的两句，重音分别应为"尽"和"空"，"空"其实很好理解，重点是"尽"。这句翻译成现代汉语的意思大致就是"人生得意的时候一定要尽情欢笑啊"。如果重音在"欢"上，完全可以表达句子的意思，但是，"尽情"欢笑的程度似乎更深，更符合李白"今朝有酒今朝醉"的汪洋恣肆的情感，能更深地表达出李白特立独行的生活态度。因此，很多时候，表达程度、范围的副词都需要引起注意。不一定是一个具体的副词，表达程度和范围的状语有时也需要强调，如例2，其中，"世界"这个表示范围的副词就非常重要，突出它，更有利于突出中国共产党的与众不同、光荣与伟大。

例3中，看似非常普通的"被弄皱的""慢慢地"等形容词，实际上非常重要，强调出了它们，也就强调出了孩子攒钱的不易和对这件事的看重。因此，重音决不能依赖于自己的表达习惯，更不能依赖于自己的想当然，而是应该细致地分析理解作品，找到内在的情感内核和灵魂所在。

另外，重音有时就潜伏在一些看似不经意的地方。比如《秋天的怀念》中的这个片段：

那天我又独自坐在屋里，看着窗外的树叶唰唰啦啦地飘落。母亲进来了，挡在窗前："北海的菊花开了，我推着你去看看吧。"她憔悴的脸上现出央求般的神色。"什么时候？""你要是愿意，就明天？"她说。我的回答已经让她喜出望外了。"好吧，就明天。"我说。她高兴得一会坐下，一会站起："那就赶紧准备准备。""哎呀，烦不烦？几步路，有什么好准备的！"她也笑了，坐在我身边，絮絮叨叨地说着："看完菊花，咱们就去'仿膳'，你小时候最爱吃那儿的豌豆黄儿。还记得那回我带你去北海吗？你偏说那杨树花是毛毛虫，跑着，一脚踩扁一个……"她忽然不说了。对于"跑"和"踩"一类的字眼。她比我还敏感。她又悄悄地出去了。

很多人在表达那句"哎呀，烦不烦？几步路，有什么好准备的"的时候，可能都会延续之前"我"不耐烦、暴怒无常的状态。但如果您仔细观察会发现，后面有一句"她也笑了"。那就是说，不管"我"这句话怎么说，是略带冷笑或嘲笑，还是温馨一笑，"我"都必须笑着说。一个小小的"也"字，不仅是明确的规定情境，也是重音所在，还是一个非常重要的情感转折点，决不能忽略。

最后还要强调一点，例4中的重音并不难找，这里有三组对比重音，"长城"和"它"，"僵硬"和"灵动"，"雕塑"和"生活"。对比重音通常都需要强调，但如果都强调的话，岂不是又成了前面批判过的没重音。因此，重音的表达还有一个非常重要的原则，那就是在表达方法上，要注意多样性。这个句子的重音如果能够通过错落不一的停顿和高低不等的音高来表达，构成波峰、波谷的对应形式就会比较舒服，既强调了重音，又带来了美感！

因此，表达重音的核心是要差别化，基本方法是以对比显现重音，以多样手段综合表现，并以错落有致的安排来表现文字内蕴含的活力。

第二节 停　　连

停顿和连接是朗诵艺术中不可或缺的重要手段之一。

停顿的位置与停顿的时间恰当与否,是关系到内容的准确、层次的清晰、情感的表达及对某些词语的强调程度。有经验的表演者都非常重视并善于运用停顿的技巧。停顿运用得恰到好处,常常是最精彩,最能抓住观众的地方,起到"此时无声胜有声"的效果。

停顿可分为四种类型:结构停顿、强调停顿、心理停顿和生理停顿。

通俗地讲:饭要一口一口地吃,话要一句一句地说。人不可能一口气不停地讲完一大段话,念完一大篇文章。必须停下来喘口气。因此停顿问题,首先是个生理需要问题。但也不能因为换气,而将一个完整的句子念得支离破碎。

在文学作品里,语句中需要停顿的地方,都会用标点符号标示出来。标点符号是书面语言的停顿符号,也是朗读作品时语言停顿的重要依据,也可以把它叫做语法停顿。比较常见的标点符号有:顿号、分号、逗号、句号、惊叹号、省略号、冒号等。顿号一般用于短暂的几个并列词语间的停顿,停顿时间最短。逗号是在一句话中间的停顿,它将一句话中的两个层次分开,停顿的时间比较短。句号是一句话的完成,它将两句话或两个段落分开,所以停顿时间较长。惊叹号除了与句号有相同的作用之外,还表示语气的加重,所以它们停顿时间与前一个字收尾有着连带关系。省略号表示意犹未尽,所以最后一个字有采用渐弱加停顿的手法,使停顿不知从何开始、在哪里结束,造成音断意不断的感觉。冒号是引述他人的话,所以它不是生理需要的停顿,而是语法上的硬性停顿。这些停顿,也不是绝对的。有时为表达感情的需要,在没有标点的地方也可以停顿,在有标点的地方也可以不停顿。

除了语法停顿外,还有一种称之为心理停顿的现象。它有时在不该停顿的地方(没有标点符号的地方)停了下来,是出于人们心理上、情感上的需要所产生的停顿,它反映了文本中的思想与情感轨迹,起到与逻辑重音相似的效果。也就是说,心理停顿不受语法停顿的限制,它可以在语法停顿处延长时间,也可以在语法停顿不允许的地方因语义和情感的需要而停顿。但在停顿中必须有心理或情感的依据。要表现这样的停顿,朗诵者必须吃透文本,充分发挥丰富的想象和联想,调动自己真实的内心情感。唯有如此,方能体现心理停顿的重要作用。

请看具体的例子。

1. 昨天北约又一次空袭了利比亚首都的黎波里。
2. 胡锦涛将于下周前往俄罗斯进行为期四天的国事访问。
3. 八连长年累月战斗在风雪高原上。
4. 80％的居民希望住宅周围有孩子、老人活动的场所。

这几个句子都是很容易因为识读不清而产生错误，也就是说，在结构停顿上出问题，正确的读法应该是：

1. 昨天北约又一次空袭了利比亚首都/的黎波里。
2. 胡锦涛将于下周/前往俄罗斯进行为期四天的国事访问。
3. 八连/长年累月战斗在风雪高原上。
4. 80％的居民希望/住宅周围有孩子、老人活动的场所。

其中例4是一个常见句型，也是常错句型。一旦要是按照习惯性的读法，在标点符号的地方停顿，句子的语法关系就很容易变成居民希望两样东西，一个是"住宅周围有孩子"，一个是"老人活动的场所"，显然这是不通的。不仅不能在孩子、老人中间停顿，甚至应该连接得更紧密些。这种句子叫兼语句，文学作品中经常出现。比如：

美联社报道,75 000名反对堕胎者23日举行示威游行,抗议奥巴马总统决定取消政府对堕胎的限制。

同样，这个句子的停顿应该是：

美联社报道,75 000名反对堕胎者23日举行示威游行,/抗议/奥巴马总统决定取消政府对堕胎的限制。

如果没有读懂句子或者习惯性停顿的话，很容易停在奥巴马总统的后面。如果是那样的话，就变成了抗议示威者干了三件事，分别是：举行示威游行、抗议奥巴马总统和决定取消政府对堕胎的限制。但是，第三件事根本不可能是游行示威者有权利做的事情，因此也就产生了歧义。兼语句只是众多句式中的一种，提醒我们停顿要以句子的内容为主，不能浮光掠影、浮皮潦草，也不能过于随意、自说自话。

有些句子的成分比较多,的确都需要停顿，比如多重定语和多重状语。

1. 从前,/在家乡七八月的夜晚,/在庭院里纳凉的时候,/我最爱看天上密密麻麻的繁星。
2. 该项课题负责人、中科院动物所/生殖生物学国家重点实验室/分子免疫研究组组长彭景梗研究员向本报记者介绍说,研究小组从sars的病毒基因中,挑选出具有关键作用的基因片段,构建了四种基因疫苗。

这样的地方恰恰需要稳而不急、声断气不断的清晰停顿。

停顿和连接是一个问题的两个方面,实际上不能完全割裂来看。有的时候,文字本身过于散碎,就需要通过连接来使句群抱团,防止散乱。

塞纳河是巴黎的幸运。它不宽,也不窄。河水静静地、和缓地流淌。我自从知道巴黎由西岱岛而起,脑子里就一直有一幅巴黎诞生的图画:那时的塞纳河两岸,一定还是绿色的荒原。可是,就在绿野之中,在一片片野花之中,流过了塞纳河。河中的小岛就是初生的巴黎。石块垒起的住屋和小街,围绕着一个小小的教堂和它前面小小的广场。环绕着巴黎的,是一泓清流的塞纳河。由于小岛的介入,河水在这一段变得湍急起来。

这段文字在语法上没有什么问题,可是表达起来却很容易过于平缓散乱。因此,建议可以在"图画"后面大停一次,从而构成两个层次,即实景描写和自己脑子里的图画。如果再细化的话,当然还可以在"初生的巴黎"后面稍停。表明前面是描写小岛,后面是描写塞纳河。

对于很多已经有一定表达经验的人来说,停连作为一种表达技巧更是要大胆运用,防止刻板。

1. 满地黄花堆积。憔悴损,如今有谁堪摘?守着窗儿,独自怎生得黑!梧桐更兼细雨,到黄昏、点点滴滴。这次第,怎一个愁字了得!

2. 嵇康望了望黑压压的年轻学子,有点感动。孤傲了一辈子的他,因仅有的几个朋友而死的他,把诚恳的目光投向四周。一个官员冲过人群来到刑场高台上宣布:宫廷旨意,维护原判。

刑场上一片山呼海啸。

例1中的"了——得"可以大幅停顿,只要情感没有断线、方式保持自然,完全可以表达出无尽的哀愁意境。

例2中,停在"宣布"后面当然可以,也可以大停,用来引起听者的注意。但如果想把"关子"卖得更好的话,也可以用同样的幅度停在"宫廷旨意"后面,引起的紧张感、期待感会更明显。

至于那些句式单一、形式近似的句子,停连显得更为重要,这时就要注意停连要长短相间,疏密有致

黄河,中华民族的伟大摇篮,五千年文化,五千年深漩,有谁领略过你的博大精深;

黄河哟,流淌过稻菽、麦穗、果林的野性之河,五千年史记,五千年锤炼,有谁洞察过你的非凡毅力。

这样的句子没有一个固定的模式去表达,只是需要注意如果前一个"有谁"后面有停顿,那下一个当然就可以避免,防止单调。

复杂的句群就更是如此了。

莫高窟壁画的内容丰富多彩,有的是描绘古代劳动人民打猎、捕鱼、耕田、收割的情景;有的是描绘人们奏乐、舞蹈、演杂技的场面;还有的是描绘大自然的美丽风光。其中最引人注目的是飞天。壁画上的飞天,有的臂挎花篮,采摘鲜花;有的反弹琵琶,轻拨银弦;有的倒悬身子,自天而降;有的彩带飘拂,漫天遨游;有的舒展着双臂,翩翩起舞。看着这些精美动人的壁画,就像走进了灿烂辉煌的艺术殿堂。

这个段落看似简单,但实际复杂,因为这里面有多种排比句的组合,要想避免单调,增加美感,当然要在停连处理上下功夫。除了"打猎、捕鱼、耕田、收割"的高低错落安排之外,还有"奏乐、舞蹈、演杂技"的递进安排,两者还不能一样。更重要的是那几个"有的"排比句。因为是5个句子,很难构成两两对称的状态,这时我们可以尝试这样的方式:一种是分组,也就是5个"有的",分成两组,2+3或3+2都可以,关键是2个"有的"可以构成对称,也就是一组上行和下行的对称;3个"有的"就可以构成递进了。还可以做加法,就是将前面的一个小分句"壁画上的飞天"当成一个"有的",这样就构成了6个排比句,分成三组对仗,即:

壁画上的飞天,↗有的臂挎花篮,采摘鲜花;↘有的反弹琵琶,轻拨银弦;↗有的倒悬身子,自天而降;↘有的彩带飘拂,漫天遨游;↗有的舒展着双臂,翩翩起舞↘。

这样不仅对仗工整,节奏优美,而且上行与下行的语势基本与文字要表达的形象基本吻合。

新闻的表达更注重连接,句群内部的连接体现了一个人的理解力和表达的基本功。如下段:

目前,我国社会总体上是和谐的。但是,也存在不少影响社会和谐的矛盾和问题,主要是:城乡、区域、经济社会发展很不平衡,人口资源环境压力加大;就业、社会保障、收入分配、教育、医疗、住房、安全生产、社会治安等方面关系群众切身利益的问题比较突出;体制机制尚不完善,民主法制还不健全;一些社会成员诚信缺失、道德失范,一些领导干部的素质、能力和作风与新形势新任务的要求还不适应;一些领域的腐败现象仍然比较严重;敌对势力的渗透破坏活动危及国家安全和社会稳定。

这里，每一个问题之后都应该是一个停顿，而每一个问题内部都应该是一个顺畅清晰的连接过程。

第三节　语　　势

每当人们谈起有关语言表现力训练方面的问题，以及如何用有声语言表达文学作品的思想情感等问题时，人们首先想到的就是"重音""逻辑重音""情感重音"和各种名目的"停顿""潜台词""内心独白"等。这里，单从技术层面上做一考察，探究各种语言技巧在表达作品思想情感时，是在依照什么样的基本原则运作的。

首先，作品的思想内容，是依靠"重音"与"停顿"这部分技巧来表达的。简而言之"重音"与"停顿"的技巧可以帮助朗诵者将作品的思想内容有条有理、清楚明白地表达出来。作品中所反映出来的情绪情感，则需要"语气语调"的帮助才能表达。同样一句话，由于讲话者加注在它上面的"语气语调"不同，这句话的情绪情感也就完全不一样了。所有语言文字都有可能需要以各种不同的情趣情感来表达。因此在文字语言之外，事实上还存在着一种表达情绪情感的有声符号系统。习惯上称它为"语气语调"。

"语气语调"是怎样构成的？它在语言表达中起怎样的作用呢？

"语气语调"是由"音量的大小""音调的高低""速度的快慢"和"吐字力度的强弱"这四项基本要素构成的。在实际运用中，这四项基本要素并非单独存在，它们是根据情绪情感的变化而相互配合共同完成表达任务的。这种相互配合的结果就形成了所谓的"语气语调"。音量的"由小到大，由大到小"的变化；音调的"由低到高，由高到低"的变化；语速的"从慢到快，从快到慢"的变化；吐字力度的"由弱到强，由强到弱"的变化，这些众多的变化相互组合形成了有声语言上下起伏的走势，我们可以把这种语言的上下走势称之为"语势"。

"语势"可分为"上行语势""平行语势"和"下行语势"三类，它们在表达情绪情感方面有着各自不同的基本含义。"上行语势"一般可以表现"欣喜""欢乐""轻松""向上"之类的情绪；"平行语势"则可表现比较"平和""安详"或"冷淡""冷漠""麻木"等情绪；"下行语势"表现"庄重""沉痛""愤怒"一类的情绪。

这里讲的只是就一般情况而言，是一般规律。在实际处理中，"语势"还会有许多复杂的变化,因为人类的情绪情感本来就是复杂多变的,没有人能够把它们一一叙述出来。例如人们有时也会用"上行语势"来冷嘲热讽,以表现某种轻蔑对方的情绪。但无论这些情绪怎样变化,都是从"语势"的基本含义中演化而来的。四大基本要素(音量的大小,音调的高低,速度的快慢,力度的强弱)及由它们高低起伏的变化所形成的"语势",是语气语调主要的物质构成。

我们可以通过一部分新闻材料感受上行语势。因为新闻为了表达积极感和新鲜感,上行的语势就偏多,当句子结束了或者某些特殊语气需要的时候,才会明显下行。

1. 国务院公告

为表达全国各族人民对四川汶川大地震遇难同胞的深切哀悼,国务院决定,2008年5月19日至21日为全国哀悼日。在此期间,全国和各驻外机构下半旗志哀,停止公共娱乐活动,外交部和我国驻外使领馆设立吊唁簿。5月19日14时28分起,全国人民默哀3分钟,届时汽车、火车、舰船鸣笛,防空警报鸣响。

2. 国务院关于推进海南国际旅游岛建设发展的若干意见(节选)

国务院办公厅12月31日发布了《国务院关于推进海南国际旅游岛建设发展的若干意见》。《意见》提出海南岛的发展目标为:到2020年,旅游服务设施、经营管理和服务水平与国际通行的旅游服务标准全面接轨,初步建成世界一流的海岛休闲度假旅游胜地。

海南是我国最大的经济特区和唯一的热带岛屿省份。建省办经济特区20多年来,经济社会发展取得显著成就。但由于发展起步晚,基础差,目前海南经济社会发展整体水平仍然较低,保护生态环境、调整经济结构、推动科学发展的任务十分艰巨。充分发挥海南的区位和资源优势,建设海南国际旅游岛,打造有国际竞争力的旅游胜地,是海南加快发展现代服务业,实现经济社会又好又快发展的重大举措,对全国调整优化经济结构和转变发展方式具有重要示范作用。为扎实推进海南国际旅游岛建设发展,现提出以下意见。

1. 海南国际旅游岛建设发展的总体要求

(1)指导思想。高举中国特色社会主义伟大旗帜,坚持以邓小平理论和"三个代表"重要思想为指导,深入贯彻落实科学发展观,进一步解放思想,深化改革,扩大开放,构建更具活力的体制机制,走生产发展、生活富裕、生态良好的科学发展之路;积极发展服务型经济、开放型经济、生态型经济,形成以旅游业为龙头、现代服务业为主导的特色经济结构;着力提高旅游业发展质量,打造具有海南特色、达到国际先进水平的旅游产业体系;注重保障和改善民生,大力发展社会事业,加快推进城乡和区域协调发展,逐步将海南建设成为生态环境优美、文化魅力独特、社会文明祥和的开放之岛、绿色之岛、文明之岛、和谐之岛。

但新闻中的讣告恰恰相反,下行语势偏多是为了表达沉重的悼念之情。

邓小平同志讣告——告全党全军全国各族人民书(节选)

中国共产党中央委员会、中华人民共和国全国人民代表大会常务委员会、中华人民共和国国务院、中国人民政治协商会议全国委员会、中国共产党和中华人民共和国中央军事委员会告全党全军全国各族人民书

邓小平同志是我党我军我国各族人民公认的享有崇高威望的卓越领导人,伟大的马克思主义者,伟大的无产阶级革命家、政治家、军事家、外交家,久经考验的共产主义战士,我国社会主义改革开放和现代化建设的总设计师,建设有中国特色社会主义理论的创立者。

中国共产党中央委员会、中华人民共和国全国人民代表大会常务委员会、中华人民共和国国务院、中国人民政治协商会议全国委员会、中国共产党和中华人民共和国中央军事委员会,极其悲痛地向全党全军全国各族人民通告:我们敬爱的邓小平同志患帕金森病晚期,并发肺部感染,因呼吸循环功能衰竭,抢救无效,于一九九七年二月十九日二十一时零八分在北京逝世,享年九十三岁。

……

训练

1. 上行语势

别了,司徒雷登(节选)
毛泽东

我们中国人是有骨气的。许多曾经是自由主义者或民主个人主义者的人们,在美帝国主义及其走狗国民党反动派面前站起来了。闻一多拍案而起,横眉怒对国民党的手枪,宁可倒下去,不愿屈服。朱自清一身重病,宁可饿死,不领美国的"救济粮"。唐朝的韩愈写过《伯夷颂》,颂的是一个对自己国家的人民不负责任、开小差逃跑、又反对武王领导的当时的人民解放战争、颇有些"民主个人主义"思想的伯夷,那是颂错了。我们应当写闻一多颂,写朱自清颂,他们表现了我们民族的英雄气概。

多一点困难怕什么?封锁吧,封锁十年八年,中国的一切问题就都解决了。中国人死都不怕,还怕困难吗?老子说过:"民不畏死,奈何以死惧之。"美帝国主义及其走狗蒋介石反动派,对于我们,不但"以死惧之",而且实行叫我们死。闻一多等人之外,还在过去的三年内,用美国的卡宾枪、机关枪、迫击炮、火箭炮、榴弹炮、坦

克和飞机炸弹,杀死了数百万中国人。现在这种情况已近尾声了,他们打了败仗了,不是他们杀过来而是我们杀过去了,他们快要完蛋了。留给我们多少一点困难,封锁、失业、灾荒、通货膨胀、物价上升之类,确实是困难,但是比起过去三年来已经松了一口气了。过去三年的一关也闯过了,难道不能克服现在这点困难吗?没有美国就不能活命吗?

人民解放军横渡长江,南京的美国殖民政府如鸟兽散。司徒雷登大使老爷却坐着不动,睁起眼睛看着,希望开设新店,捞一把。司徒雷登看见了什么呢?除了看见人民解放军一队一队地走过,工人、农民、学生一群一群地起来之外,他还看见了一种现象,就是中国的自由主义者或民主个人主义者也大群地和工农兵学生等人一道喊口号,讲革命。总之是没有人去理他,使得他"茕茕子立,形影相吊",没有什么事做了,只好夹起皮包走路。

中国还有一部分知识分子和其他人等存有糊涂思想,对美国存有幻想,因此应当对他们进行说服、争取、教育和团结的工作,使他们站到人民方面来,不上帝国主义的当。但是整个美帝国主义在中国人民中的威信已经破产了,美国的白皮书,就是一部破产的记录。先进的人们,应当很好地利用白皮书对中国人民进行教育工作。

司徒雷登走了,白皮书来了,很好,很好。这两件事都是值得庆祝的。

白 杨 礼 赞(节选)

茅 盾

那是力争上游的一种树,笔直的干,笔直的枝。它的干呢,通常是丈把高,像是加以人工似的,一丈以内,绝无旁枝;它所有的丫枝呢,一律向上,而且紧紧靠拢,也像是加以人工似的,成为一束,绝无横斜逸出;它的宽大的叶子也是片片向上,几乎没有斜生的,更不用说倒垂了;它的皮,光滑而有银色的晕圈,微微泛出淡青色。这是虽在北方的风雪的压迫下却保持着倔强挺立的一种树!哪怕只有碗来粗细罢,它却努力向上发展,高到丈许,二丈,参天耸立,不折不挠,对抗着西北风。

这就是白杨树,西北极普通的一种树,然而绝不是平凡的树!

它没有婆娑的姿态,没有屈曲盘旋的虬枝,也许你要说它不美丽——如果美是专指"婆娑"或"横斜逸出"之类而言,那么,白杨树算不得树中的好女子;但是,它却是伟岸,正直,朴质,严肃,也不缺乏温和,更不用提它的坚强不屈与挺拔,它是树中的伟丈夫!

当你在积雪初融的高原上走过,看见平坦的大地上傲然挺立这么一株或一排白杨树,难道你就只觉得树只是树,难道你就不想到它的朴质,严肃,坚强不屈,至少也象征了北方的农民;难道你竟一点也不联想到,在敌后的广大土地上,到处有坚强不屈,就像这白杨树一样傲然挺立的守卫他们家乡的哨兵!难道你又不更远一点想到这样枝枝叶叶靠紧团结,力求上进的白杨树,宛然象征了今天在华北平原纵横决荡用血写出新中国历史的那种精神和意志。

安塞腰鼓(节选)
刘成章

一群茂腾腾的后生。

他们的身后是一片高粱地。他们朴实得就像那片高粱。

咝溜溜的南风吹动了高粱叶子,也吹动了他们的衣裳。

他们的神情沉稳而安静。紧贴在他们身体一侧的腰鼓,呆呆的,似乎从来不曾响过。

但是,看!——

一捶起来就发狠了,忘情了,没命了!百十个斜背腰鼓的后生,如百十块被强震不断击起的石头,狂舞在你的面前。骤雨一样,是急促的鼓点;旋风一样,是飞扬的流苏;乱蛙一样,是蹦跳的脚步;火花一样,是闪射的瞳仁;斗虎一样,是强健的风姿。黄土高原上,爆出一场多么壮阔、多么豪放、多么火烈的舞蹈哇——安塞腰鼓!

这腰鼓,使冰冷的空气立即变得燥热了,使恬静的阳光立即变得飞溅了,使困倦的世界立即变得亢奋了。

使人想起:落日照大旗,马鸣风萧萧!

使人想起:千里的雷声万里的闪!

使人想起:晦暗了又明晰、明晰了又晦暗、尔后最终永远明晰了的大彻大悟!

容不得束缚,容不得羁绊,容不得闭塞。是挣脱了、冲破了、撞开了的那么一股劲!

好一个安塞腰鼓!

除了黄土高原,哪里再有这么厚这么厚的土层啊!

好一个黄土高原!好一个安塞腰鼓!

每一个舞姿都充满了力量。每一个舞姿都呼呼作响。每一个舞姿是光与影的匆匆变幻。每一个舞姿都使人战栗在浓烈的艺术享受中,使人叹为观止。

好一个痛快了河山、蓬勃了想象力的安塞腰鼓!

喊 黄 河
郝立轩

黄河,中华民族的伟大摇篮,五千年文化,五千年深漩,有谁领略过你的博大精深;

黄河哟,流淌过稻菽、麦穗、果林的野性之河,五千年史记,五千年锤炼,有谁洞察过你的非凡毅力。

那激情澎湃、震撼人心的大壶口啊,千年老酒,万年陈酿,醉倒过多少壮士,唤醒过多少好汉;

谁也捉摸不透那浊浪淘沙、深不可测的虎跳峡呀,千年史书、万代智慧,记载过多少雄文,珍藏过多少华篇。

黄河哟黄河,对你:每一个沙粒,都是丰富而又流动的情感。是谁说过,读懂黄河的人,是最富有的人;是谁说过,读懂黄河的人,是最幸福的人!我纵然沦为一个全天下最愚的木讷诗人,今生也要跟你大亲一场;今世也要跟你梦过一回……

我看着缓缓流淌的水滴,我问水滴,水滴无痕,汇成溪流;我问溪流,溪流无悔,注入江河;哦,我终于懂得了你的伟大无比,正在于你有一个积淀沉疴的气度;你能容纳百川,正在于有一个无比壮阔的胸怀!

耸峙的奇峰,曾经阻挡过你决胜千里的蹄踏,是你挥舞怒涛的巨斧,凿开通往天堑的道路。透迤的峻岭,曾经阻挡过你震天拍地的嘶鸣,是你扬起飞瀑的利刃,劈开锁住关峡的门闸。你以一个拓荒者的魂魄,塑成历史的风景,你以一个拓荒者的气度,挥写历史的丰篇!山,看下去是河,河,站起来是山!

大河为何向东流?那是与密西西比河忠诚地去握手;大河为何向东流?那是与莱茵河亲密的呼唤;大河为何向东流?那是与尼罗河忘情地去对话……黄河选择了大海,那是大海的幸运;大海接纳了黄河,那是黄河的光荣!

哦,就在黄河与全世界的江河纵情狂舞之间,就在全世界的江河与黄河翩翩起舞之时;地球分娩出一个古老而又年轻的巨人叫——中国!

2. 平行语势

匆　　匆(节选)
朱自清

燕子去了,有再来的时候;杨柳枯了,有再青的时候;桃花谢了,有再开的时候。但是,聪明的,你告诉我,我们的日子为什么一去不复返呢?——是有人偷了他们罢:那是谁?又藏在何处呢?是他们自己逃走了罢:现在又到了哪里呢?

去的尽管去了,来的尽管来着;去来的中间,又怎样地匆匆呢?早上我起来的时候,小屋里射进两三方斜斜的太阳。太阳他有脚啊,轻轻悄悄地挪移了;我也茫茫然跟着旋转。于是——洗手的时候,日子从水盆里过去;吃饭的时候,日子从饭碗里过去；默默时，便从凝然的双眼前过去。我觉察他去的匆匆了，伸出手遮挽时，他又从遮挽着的手边过去；天黑时，我躺在床上，他便伶伶俐俐地从我身上跨过，从我脚边飞去了。等我睁开眼和太阳再见，这算又溜走了一日。我掩着面叹息。但是新来的日子的影儿又开始在叹息里闪过了。

在逃去如飞的日子里，在千门万户的世界里的我能做些什么呢？只有徘徊罢了，只有匆匆罢了；在八千多日的匆匆里，除徘徊外，又剩些什么呢？过去的日子如轻烟，被微风吹散了，如薄雾，被初阳蒸融了；我留着些什么痕迹呢？我何曾留着像游丝样的痕迹呢？我赤裸裸来到这世界，转眼间也将赤裸裸的回去罢？但不能平的，为什么偏白白走这一遭啊？

你聪明的，告诉我，我们的日子为什么一去不复返呢？

散　步（节选）
莫怀戚

我们在田野散步：我，我的母亲，我的妻子和儿子。

母亲本不愿出来的。她老了，身体不好，走远一点儿就觉得很累。我说，正因为如此，才应该多走走。母亲信服地点点头，便去拿外套。她现在很听我的话，就像我小时候很听她的话一样。

这南方初春的田野，大块小块的新绿随意地铺着，有的浓，有的淡，树上的嫩芽也密了，田里的冬水也咕咕地起着水泡。这一切都使人想着一样东西——生命。

我和母亲走在前面，我的妻子和儿子走在后面。小家伙突然叫起来："前面是妈妈和儿子，后面也是妈妈和儿子。"我们都笑了。

后来发生了分歧，母亲要走大路，大路平顺；我的儿子要走小路，小路有意思。不过，一切都取决于我。我的母亲老了，她早已习惯听从她强壮的儿子；我的儿子还小，他还习惯听从他高大的父亲；妻子呢，在外面，她总是听我的。一霎时我感到了责任的重大。我想找一个两全的办法，找不出；我想拆散一家人，分成两路，各得其所，终不愿意。我决定委屈儿子，因为我伴同他的时日还长。我说："走大路。"

但是母亲摸摸孙儿的小脑瓜，变了主意："还是走小路吧。"她的眼随小路望去：那里有金色的菜花，两行整齐的桑树，尽头一口水波粼粼的鱼塘。"我走不过去的地方，你就背着我。"母亲对我说。

这样，我们在阳光下，向着那菜花、桑树和鱼塘走去。到了一处，我蹲下来，背起了母亲；妻子也蹲下来，背起了儿子。我和妻子都是慢慢地，稳稳地，走得很仔细，好像我背上的同她背上的加起来，就是整个世界。

父亲的爱
〔美〕艾尔玛·邦贝克

爸不懂得怎样表达爱,使我们一家人融洽相处的是我妈。他只是每天上班下班,而妈则把我们做过的错事开列清单,然后由他来责骂我们。

有一次,我偷了一块糖果,他要我把它送回去,告诉卖糖的说是我偷来的,说我愿意替他拆箱卸货作为赔偿。但妈妈却明白我只是个孩子。

我在运动场打秋千跌断了腿,在前往医院的途中一直抱着我的,是我妈。爸把汽车停在急诊室门口,他们叫他驶开,说那空位是留给紧急车辆停放的。爸听了便叫嚷道:"你以为这是什么车?旅游车?"

在我生日会上,爸总是显得有些不大相称。他只是忙于吹气球,布置餐桌,做杂务。把插着蜡烛的蛋糕推过来让我吹的,是我妈。

我翻阅照相册时,人们总是问:"你爸爸是什么样子的?"天晓得!他老是忙着替别人拍照。妈和我笑容可掬地一起拍的照片,多得不可胜数。

我记得妈有一次叫他教我骑自行车。我叫他别放手,但他却说是应该放手的时候了。我摔倒之后,妈跑过来扶我,爸却挥手要她走开。我当时生气极了,决心要给他点颜色看。于是我马上爬上自行车,而且自己骑给他看。他只是微笑。

我念大学时,所有的家信都是妈写的。他除了寄支票外,还寄过一封短柬给我,说因为我没有在草坪上踢足球了,所以他的草坪长得很美。

每次我打电话回家,他似乎都想跟我说话,但结果总是说:"我叫你妈来接。"

我结婚时,掉眼泪的是我妈。他只是大声擤了一下鼻子,便走出房间。

我从小到大都听他说:"你到哪里去?什么时候回家?汽车有没有汽油?不,不准去。"爸完全不知道怎样表达爱。除非……

会不会是他已经表达了而我却未能察觉?

3. 下行语势

我 的 心
巴 金

近来,不知什么缘故,我的这颗心痛得更厉害了。我要对我的母亲说,妈妈,请你把这颗心收回去吧,我不要了!记得当初你把这颗心交给我的时候,你对我说过,你的爸爸一辈子拿了它待人爱人,他和平安宁的度过了一生,临死,他把这颗心交给你,他说,承受这颗心的人将永远正直幸福,并且和平安宁地度过他的一生,现在你长成了,也就承受了这颗心,带着我的祝福,孩子,到广大的世界中去吧!

这些年来,我怀着这颗心走遍了世界,走遍了人心的沙漠,所得到的只是痛苦和痛苦的创痕,正直在哪里?和平在哪里?幸福在哪里?这一切可怕的声音哪一天才会听不见?这一切可怕的景象哪一天才会看不到?这样的人间悲剧哪一天,才不会再演?一切都像箭一般射到我的心上,我的心已经布满了痛苦的创痕,因此,它痛得更厉害了。

我不要这颗心了,有了它,我不能闭目为盲;有了它,我不能塞耳为聋;有了它,我不能吞炭为哑;有了它,我不能在人群的痛苦中找寻我的幸福;有了它,我不能和平的生活在这个世界上;有了它,我再也不能生活下去了。

妈妈呀,请你饶了我吧,这颗心我实在不要,不能够要了。

我夜夜在哭,因为这颗心实在痛得受不住了,它看不得人间的惨剧,听不得人间的哀嚎,受不得人间的凌辱。我想要放它走,可是,它被你的祝福拴在我的心房内。我多时以来就下决心放弃一切,让人们去竞争,去残杀,让人们来虐待我,凌辱我,我只愿有一时的安息,可我的心不肯这样,它要使我看,听,说,看我所怕看的,听我所怕听的,说别人所不愿听的,于是我又向它要求到,心啊,你去吧,不要苦苦的恋着我,有了你我无论如何不能生活在这个世界上啊,求你,为了我幸福的缘故,撇开我去吧!它没有回答,因为它如今知道,既然它被你的祝福拴在我的心房上,那么,它也只能由你的诅咒而分开。

妈妈,请你诅咒我吧,请你允许我放走这颗心去吧,让它去毁灭吧,因为它不能生活在这个世界上,而有了它我也不能生活在这个世界上!在这样大的血泪的海中,一个人一颗心算得了什么?能做什么?妈妈,请你诅咒我吧,请你收回这颗心吧,我不要它了!

可是,我的母亲,已经死了很多年了。

最后的一天(节选)

许广平

今年的一整个夏天,正是鲁迅先生被病缠绕得透不过气来的时光。许多爱护他的人,都为了这个消息着急。然而病状有些好起来了。在那个时候,他说出一个梦:"他走出去,看见两旁埋伏着两个人,打算给他攻击,他想:你们要当着我生病的时候攻击我吗?不要紧!我身边还有匕首呢,投出去,掷在敌人身上。"梦后不久,病便减轻了。一切恶的征候都逐渐消灭了,他仍然可以工作,和病前一样。

午后,他出去散步。回来时天已不早了,傍晚时,建人先生也来了。谈至十一时,建人先生才走。到十二时,我急急整理卧具。催促他,警告他,时候不早了。他靠在躺椅上,说:"我再抽一支烟,你先睡吧。"三时半,见他坐起来,我也坐起来。细察他呼吸有些异常,似气喘初发的样子,后来继以咳呛,咳嗽困难,兼之气喘更加厉害。这时由我看护他,给他揩汗。不过汗有些粘冷,不像平常。揩他手,他就紧握我的手,而且好几次如此,陪在旁边,他就说:"时候不早了,你也可以睡了。"我说:"我不瞌睡。"为了使他满意,我就对面地斜靠在床脚上。好几次,他抬起头来看我,我也照样看他,有时我还赔笑地告诉他病似乎轻松些了。但他不说什么又躺下了。也许是这时他有什么预感吗?他没有说。我是没有想到问。后来回想:我不知道,应不应该也紧握他的手,甚至紧紧地拥抱住他。在死神的手里把我的敬爱的人夺回来。

如今是迟了!死神奏凯歌了。我那追不回的后悔呀。

五时,看见他已头稍朝内,呼吸轻微了。连打了几针也不见好转。

他们要我呼唤他,我千呼百唤也不见他应一声。天是那么黑暗,黎明之前的乌黑呀,把他卷走了。黑暗是那么大的力量,连战斗了几十年的他也抵抗不住。医生说:过了这一夜,再过了明天,没有危险了,他就来不及等待到明天……

永远的蝴蝶

陈启佑

那时候刚好下着雨,柏油路面湿冷冷的,还闪烁着青、黄、红颜色的灯火。我们就在骑楼下躲雨,看绿色的邮筒孤独地站在街的对面。我白色风衣的大口袋里有一封要寄给在南部的母亲的信。

樱子说她可以撑伞过去帮我寄信。我默默点头,把信交给她。

"谁教我们只带来一把小伞哪。"她微笑着说,一面撑起伞,准备过马路去帮我寄信。从她伞骨渗下来的小雨点溅在我眼镜玻璃上。

随着一阵尖锐的刹车声,樱子的一生轻轻地飞了起来,缓缓地,飘落在湿冷的街面,好像一只夜晚的蝴蝶。

虽然是春天,好像已是深秋了。

她只是过马路去帮我寄信。这简单的动作,却要教我终生难忘了。我缓缓睁开眼,茫然站在骑楼下,眼里裹着滚烫的泪水。世上所有的车子都停下来。人潮涌向马路中央。没有人知道那躺在街面的,就是我的,蝴蝶。这时她只离我五公尺,竟是那么遥远。更大的雨点溅在我的眼镜上,溅到我的生命里来。

为什么呢?只带一把雨伞?

然而我又看到樱子穿着白色的风衣,撑着伞,静静地过马路了。她是要帮我寄信的。那,那是一封写给在南部的母亲的信。我茫然站在骑楼下,我又看到永远的樱子走到街心。其实雨下得并不大,却是一生一世中最大的一场雨。而那封信是这样写的,年轻的樱子知不知道呢?

"妈:我打算下个月和樱子结婚。"

遥远的绝响(节选)

余秋雨

这是中国文化史上最黑暗的日子之一,居然还有太阳。

嵇康身戴木枷,被一群兵丁,从大狱押到刑场。

刑场在洛阳东市,路途不近。嵇康一路上神情木然而缥缈,他想起了一生中好些奇异的遭遇。

他想起,他也曾像阮籍一样,上山找过孙登大师,并且跟随大师不短的时间。大师平日几乎不讲话,直到嵇康临别,才深深一叹:"你性情刚烈而才貌出众,能避免祸事吗?"

他又想起,早年曾在洛水之西游学,有一天夜宿华阳,独个儿在住所弹琴。夜半时分,突然有客人来访,自称是古人,与嵇康共谈音律,谈着谈着来了兴致,向嵇康要过琴去,弹了一曲《广陵散》,声调绝伦,弹完便把这个曲子传授给了嵇康,并且反复叮嘱,千万不要再传给别人了。这个人飘然而去,没有留下姓名。

嵇康想到这里,满耳满脑都是《广陵散》的旋律。他遵照那个神秘来客的叮嘱,没有向任何人传授过。一个叫袁孝尼的人不知从哪儿打听到嵇康会演奏这个曲子,多次请求传授,他也没有答应。刑场已经不远,难道,这个曲子就永远地断绝了? ——想到这里,他微微有点慌神。

突然,嵇康听到,前面有喧闹声,而且闹声越来越响。原来,有三千名太学生正拥挤在刑场边上请愿,要求朝廷赦免嵇康,让嵇康担任太学的导师。显然,太学生们想以这样一个请愿向朝廷提示嵇康的社会声誉和学术地位,但这些年轻人不知道,他们这种聚集三千人的行为已构成一种政治示威,司马昭怎么会退让呢?

嵇康望了望黑压压的年轻学子,有点感动。孤傲了一辈子的他,因仅有的几个朋友而死的他,把诚恳的目光投向四周。一个官员冲过人群来到刑场高台上宣布:宫廷旨意,维护原判。

刑场上一片山呼海啸。

但是,大家的目光都注视着已经押上高台的嵇康。

身材伟岸的嵇康抬起头来,眯着眼睛看了看太阳,便对身旁的官员说:"行刑的时间还没到,我弹一个曲子吧。"不等官员回答,便对在旁送行的哥哥嵇喜说:"哥哥,请把我的琴取来。"

琴很快取来了,在刑场高台上安放妥当,嵇康坐在琴前,对三千名太学生和围观的民众说:"请让我弹一遍《广陵散》。过去袁孝尼他们多次要学,都被我拒绝

《广陵散》于今绝矣!"

刑场上一片寂静,神秘的琴声铺天盖地。

弹毕,从容赴死。

这是公元262年夏天,嵇康三十九岁。

这样的攀登者(缩写)
王彬彬

他不愿意与庸众一起在尘埃中呼吸,在泥淖里翻滚,在垃圾堆上觅食。于是,在一面峭壁上,他开始攀登。他相信,在峭壁的上面,有清新的空气,有秀丽的风景,有鸟语和花香……在峭壁上,他艰难地凿出可供手足攀援的洞眼。在每一个洞眼里,他都留下了他的血。饿了,他随手采一把岩壁上的野草野菜;渴了,他伸出舌头寻找着岩壁上渗水的潮湿处。倘若,能偶然在攀援的途中遇到一处泉眼,他便贪婪地把皲裂的双唇贴上去,如吻着自己心爱的女子般用尽全身的力量吸吮着、吞咽着,仿佛要把峭壁里蕴藏的水都一下子喝尽。但这样的好运对他是罕有的。在大多数时候,他只能用舌头舔着粗硬岩壁上的潮湿。舌头一次次地被岩壁的粗硬磨破。有血流出来。岩壁上不仅留下了他手足流出的血,也留下了他舌头流出的血。不但他的手掌脚板已结了坚硬的老茧,他的舌头上也有了一层厚厚的死皮,他,已经失去了味觉。衣衫,已经磨破、撕碎,一片一片地离开了他的身体。他,已经裸体了。只有头发披散下来,风起时,如一面旗帜。

许多个岁月过去了。他感到牙齿已开始松动,咀嚼起随手采来的野草野菜来,已渐不如以前那么干脆利落了。他越来越干瘦,只剩一张岩壁般粗硬的皮肤包住一副岩壁坚硬的骨骼,但却感到身体越来越沉重了。他,现在每将身体向上挪动一次,都感到比上一次更艰难。似乎有意,又似乎无意,他第一次扭头向下,想看一眼下山的路。他惊讶地发现,他已离地面那样远。而他更惊讶地发现,被他艰难地开辟的上山的路已消失。那些洞眼,在他的手足离开后,很快便又恢复了原状。他的血似乎是良药,石头的创伤在他手足移开后立即便长好了。他的脚下仍是一面峭壁,正如他的头上峭壁一样。在头顶的峭壁上凿开洞眼攀登上去,是可能的;由下往上凿出一条路,是可能的。然而,在脚下的峭壁下凿出洞眼倒退下去,是不可能的;从上往下凿出一条路,是不可能的。

当他在山脚时,开辟一条上山的路是可能的,他已经这样做了;当他在山腰时,开辟一条下山的路是不可能的,谁也无法这样做。

现在他明白了。他攀登的,是一座只容人上不容人下的峭壁;他开辟的,是一条只能往前走不能往后退的道路。现在,他平静了。他知道自己别无选择,只有奋力向上了。现在,他已不再举目向上。他已不关心山顶上是怎样的世界了。现在,他唯一担忧的,是死在峭壁上。死在某一次不成功地把身体向上挪动的过程中,或者死在最后一次成功地把身体向上挪动的劳作后。如果这样,死后的已如野人般的身体便会向下落去。尸体的落下不像身体的退下,是不需要路的。死后的身体落在地面上,落入尘埃中,落进泥淖里,落在垃圾堆上,是他所不愿意的。也许,临死之前,可以在峭壁上凿开一处洞眼,让头发穿过其中悬挂住尸体,像旗帜悬挂住旗杆一样。那时,岩壁将成为旗杆,而尸体将成为旗帜。

第六章
朗诵的内部技巧

一句话的语势常常能反映出说话人的语气及情感表达的程度。分寸掌握的准确就能正确表达内容及感情色彩。语势不对就可能歪曲内容,甚至破坏作品基调。语势抑扬变化都是在曲线中进行的,形成了波浪式前进的语流。但它们总有一个相对向上、或向下、或较平、或较曲的总趋势。

那么,在实际创作中,朗诵者应该怎样运用这些表现手段?他们应当本着哪些基本原则,来表达作品的情绪情感呢?朗诵者要通过"音量大小""语调高低""语速快慢""力度强弱"这四项语言基本要素的各种变化,来表现文本中所涉及的世间百态及特定的情绪情感。其实这是在深刻理解与体会文学作品基础上形之于声时,将作家作品中所描写的各种人物与事物,以及在生活中所感受到的一切信息,统统转换成声音信号传达给观众。而观众欣赏表演的过程,则是对这些信号的解读过程。在这些解读过程中,观众不断将这些信号与自己的生活经验相对比,来感受理解作品的思想与情感。

由此,我们可以看出朗诵者表演时所发出的信号必须与观众的生活经验有某种程度上的契合,否则观众就无法体会作家作品的内在含义。就如当我们看到一幅画时,画中的景物会使我们联想起自己生活中的相关景象,但事实上我们所看到的只是一些"线条"与"色块"的组合。画家们无非是利用这些"线条"与"色块"的各种组合,来替代现实世界中的景物。各类艺术家在他们的艺术创作中无一不是利用这种替代、模拟的办法,在他们对世界的感悟(作品)与大众对世界的认识之间,构筑起一道相互沟通的桥梁。我们可以把这种替代的方法称之为"类比法"。

所谓"类比法",顾名思义就是将所要表达的事物进行分类对比,找出一些相似之处的方法。从某种意义上说它是一种形象思维的产物。将形象思维的方法运用于逻辑思维的范畴,可能是不妥当的。然而对于艺术创作而言,缺少了形象思维是难以想象的。

类比法首先是要将现实世界中的事物进行抽象概括,得出一个抽象的概念,然后再从自身艺术的各种技法中,寻找出相应的技法与这个概念进行类比。也就是说,类比法是从一个事物的具体形象找到这个形象的抽象概念,再用这个抽象概念与我们的各种表现手段所能表现的基本含义进行类比,最后选定具体的表现手段。

练习者从以下实例来探寻类比法在实际创作中的运作轨迹。以《我爱你中国》这首歌的歌词朗诵为例:第一句"百灵鸟从蓝天飞过,我爱你中国。"百灵鸟是一种小型鸟类,它小巧灵活,动作迅速。我们可以从人们对它的感受中抽象出"小""轻""快"基本的概念。同时因为它是一种惹人喜爱的动物,又可以抽象出"喜悦""欢喜"这一类的概念。有了这些概念就可以与我们的语言表现技巧产生关联,用"音调的高""吐字的轻"来表现"小""轻"的概念;用较快的语速来表现"快"的概念;以上行语调来体现"欢喜"的概念。"从蓝天飞过"的处理稍微复杂一点,因为"蓝天"中的"蓝"字是一种视觉上的感受,很难用声音表达准确,这时,就要从人对"蓝天"的感受入手。"蓝天",晴朗之天也,相对于阴天来讲,人们对它的感受是"舒展""通透"。"舒展""通透"就是我们在表现"蓝天"时的两个可用抽象概念。在处理时拉长"蓝天"两字,以体现"舒展",由"蓝"字到"天"字在拉长的过程中,利用上行语调,音量逐渐放大音调逐渐升高,以表现出"通透"的感觉。"飞过"的表达也可以从我们日常生活的经验中找到答案。这里可以用逆向思维的方法,将"飞过"与"飞来"对比一下:飞过是越来越远,越来越小;飞来则是越来越近,越来越大。处理"飞过"这个词时,用平行语势音量逐渐减弱,"过"字尽量不收,这样就可以用声音表现出一只小鸟从我们眼前飞向无边的远方。

由此可见,类比的方法是一个从"具象"到"抽象"再到"具象"的过程。从文学作品中的具体形象出发,通过分析,抽象出一个可用的概念进行关联,进而选择出具体的表现手段。

类比法的这种从"具象"到"抽象"再到"具象"的过程,往往是比较复杂的。关键在于分析抽象出的概念必须是一个"可用概念",因此常常不是一次抽象就可以解决问题,尤其是那些本身含义就比较抽象的词句或用于比喻、隐喻的词句。这时候,我们要把类比的过程经过多次解析,才能够解决问题。还是以《我爱你中国》这首歌词中的句子为例:"我爱你青松气质,我爱你红梅品格",这句歌词中有"青松气质"和"红梅品格"两个比喻。大家都知道,歌词中所说的并不是实指大自然中的"青松"与"红梅",而是借这两种植物的特性来比喻、赞美祖国。从这两种植物中,我们可以抽象出"青松"与"红梅"的那些不怕风雪、不畏严寒、顽强向上等关于美的品质的抽象概念。但随后我们就会发现一个问题,即这些经过第一次抽象得到的概念,对于"青松"与"红梅"来讲都是同样适用的。单靠第一次抽象得出的概念,我们在表现时还是无法把这两种东西区分开,进而造成语气语调的平淡。要区分出"青松"与"红梅"的特质,仅仅凭借"不怕风雪、不畏严寒、顽强向上"等品质,便会成为不可用概念。因此，还要进行再一次的抽象，在这两类相似的气质中找出不同。"青松"高大挺拔、宁折不弯，可以抽象出"阳刚之气"的概念；而"红梅"的形象相对于青松则是娇美柔弱的，从中可以抽象出"阴柔之美"的概念。"阳刚之气"的概念可以关联语言中语言力度的强，在表现时，可以刻意加强"青松"二字的吐字力度，来体现"青松"的那种挺拔、坚毅的特征；对"阴柔之美"的处理，则应当在"红梅"二字上尽量减弱其吐字力度，轻柔地发音，以表现"红梅"的柔弱与娇美。而在说"品格"二字时，力度逐渐加强，以表现那种与青松相似的不畏寒冷顽强向上的精神。这样，在语言表达时，把两种有着相似美德的事物区分开来，并使它们的共性与个性都能够得到应有的表现。

有时，还会遇到许多用有声语言很难直接表达的内容，也就是所谓只能内心意会的东西。在这种情况下，只对作品字面的意思进行抽象与关联，很难得到令人满意的结果。因此在处理这类问题时，就要懂得换个角度、转个方向来考虑。所谓"换个角度、转个方向"，就是要从文本中主要的特定语境的角度与方向来看问题。感受应以什么样的态度、什么样的情绪情感来表达才最贴近生活，贴近文本内涵，并达到最富神采，最具神韵。

通常，还可以对人们在某一特定情绪情感状态下的生理反应进行分析比较。大家都知道，人类的任何心理变化，都会相应地在生理层面上反映出来。人们在日常生活中也是通过对人体外在反应的观察，了解对方的心理变化。在语言表现过程中，除了对文字表面进行抽象、类比外，还要对人物的情绪情感进行抽象、类比。例如人在激动的心理状态下，可能出现的生理现象很多：心跳加速、血压升高、呼吸加快、脸色变红、四肢颤抖、声音起伏增大等。面对这些现象进行关联时就会发现，从语言表达的角度来讲，对于像心跳加速、血压升高、脸色变红、四肢颤抖等一类的状态，语言是无法表达的。而呼吸与声音的变化可以成为语言表达中的有效概念。

以岳飞《满江红》中的"靖康耻，犹未雪，臣子恨，何时灭！"的处理为例。岳飞的"怒发冲冠"和"壮怀激烈"的情绪，是由于金人的入侵与南宋朝廷中投降势力的牵制，使他"恢复旧山河"的抱负难以实现而产生的。岳飞"激烈""长啸"的原因除了来自使国土沦丧的敌方阵营外，更多的还是来自皇帝的苟安、朝廷的腐败、投降势力的对敌妥协。这种愤怒与无奈的情绪交织在一起，形成了岳飞特有的情绪情感特征。为了表达岳飞心中"靖康耻，犹未雪，臣子恨"这几句的愤怒，以及"莫等闲"的急迫感，练习者可以逐渐地加强语言的"力度"，同时将"语速"加快，"力度"与"音量"在"恨"字上推到最强点。而对于"何时灭！"的处理，就要特别注意体现岳飞的那种无奈、那种忍无可忍而又不得不忍的心情。在"何时灭"三个字上，可以关联人们气息变化的特点。先在"靖康耻，犹未雪，臣子恨"这几句中逐渐地把大部分气用光,而"何时灭!"三字不换气,在缺少气息支持的状态下强力推出"何时灭!"造成一种憋闷的感觉,表现出岳飞的那种愤怒到极点而又无处发泄的情绪情感。

总之,关联类比法是我们处理各种文学作品时的一种基本方法与基本原则。从作品的具体形象,到抽象的概念,再转到具体的表现手段,这个过程不是一次就能够完成的。关联类比法是一种外部表现手段在运用时带有指导性的基本原则与方法。它必须建立在对作品的深刻理解与感悟上。在关联类比与抽象的过程中,要分别注意作品文字本身,和我们所要表现的具体语境中的情绪情感。从这两个方面寻找可用的概念进行关联类比,最终方能找到准确的表现手段。

朗诵者固然可以借助朗诵的表达技巧再现文本的神韵;但是倘若仅仅凭借一些技巧,如"抑扬顿挫""轻重缓急"等的变化去刻意追求朗诵的"艺术效果",其结果可能只会是绣花枕头,只有花哨的声音形象,而缺失了文本的本色、内涵与精神,朗诵便不再有什么价值,更谈不上生命力了。

第七章
文学作品的表达方式与技巧

"实践出真知",在学习了所有与朗诵相关的知识与技巧后,还需要通过大量的练习来了解如何将纸面上的知识与技巧转换为实际的朗诵能力。本章将挑选一些具有较高代表性的朗诵作品,根据不同的文体分类,逐一学习不同类型文学作品的朗诵要领。

第一节 诗 歌

一、诗歌的特点

(一)概括性

诗歌因为体裁形式的限制,常常需要用最简练的文字来传达思想,表达感情,所谓"炼字"在诗歌中尤为典型。比如大家熟悉的"僧敲月下门",假如诗人用推的话,在表达的过程中,就要还原推的场景,推的动作要相对长一些;如果是敲的话,就要把"敲"字发得短而轻一些,把敲的跳跃感表现出来。无论是哪一个字,诗人所要表达的静谧感一定要通过语言的节奏表现出来。

一个字尚且如此,诗歌的每一个层次更要注意。因为诗歌一定是通过某个最富意义的生活片段和自然场景来抒发情感的,所以潜藏在诗歌文字背后丰富的情感更要体现出来。感受得越细,情感越真实、自然。

诗歌是离人们日常生活用语最远的一种文体,它的体裁和感情表达方式,使得诗歌的朗诵成为了一种艺术形式。但是,在艺术语言的训练当中,诗歌却是最重要的一种文体。概括来说,诗歌的概括性可以表现在三个方面:

一是诗歌的朗诵特别注重吐字归音的基本功,吐字要坚定有力,拉开立起、饱满圆润、长短相宜。

二是扎实的气息带来的虚实变化。这里还要特别强调一点,表达作品时的虚实变化一定是依据文章应该有的情境或基调,而不是想当然地乱用或是完全凭表达习惯。

三是把诗歌要表达的感情放在第一位。从这个层面来说,诗歌和人们平时说话没什么分别,就是要正常地说话。

(二) 跳跃性

诗歌是所有文体中感情表达最集中的,但恰恰也是感情跨度相对较大的,使人需要将强烈的情感和丰富的想象浓缩在有限的文字中,不可能存在明显的感情过渡和承接,常常需要通过大幅度的停连来表现感情的转换及思考的空间,所以诗歌的节奏感也是最难掌握的。比如《乡愁》,每一段的感情都是不同的,究竟是递进还是复杂的波峰波谷式变幻,需要练习者认真地理解之后才能上口表达。

(三) 音乐性

普通话中四声的连缀,可以形成优美的旋律。诗歌的朗诵一定要注意声调的运用。主要通过拉开调值、虚实结合、错落停连表现出来。

诗歌的音乐性主要体现在它的节奏和音韵上,诗歌的感情起伏强烈,因此要求声调和句势的幅度都要拉开,将汉语声调语言的美感表现出来,这种美感会强化听者的情绪。比如《喊黄河》当中的"山,看下去是河;河,站起来是山"这一句,句式上有对偶的特点,声调上又恰好构成一个波谷,同时又顺应了文中本应有的形象感。

(四) 情感饱和度

诗歌的朗诵最忌句势平淡无味,最忌内心无感受,最忌脱离内容肆意的发挥。感情是要浓,但一定要依托文本,不能以乱吼乱叫作为感情的宣泄。感情的饱和度是内心真正的情感的释放。

二、练习材料分析

正因为诗歌有这些特点,所以在表达上,首先要找到一个合理的感情生发和表达的逻辑关系,也就是要有理性共鸣。其次是要找到诗的题眼,找到诗人最着力表现的句子,也就是找到表达当中的感性刺激和形象依托。最后就是要分析诗的形式,能够做到把握节奏,合乎音律。

1. 古诗词

古诗词是朗诵经常碰到的一种形式。在中华民族五千年的璀璨历史中,我们的哲人先贤留下了大量极具文学价值与艺术美感的文学作品，带有韵律的诗词歌赋占据了其中半壁江山。

古诗词的结构工整，上下句之间的对仗、押韵、平仄都有着严格的要求，从节奏感和韵律性上说，是最适合于朗诵的文学作品。在各类朗诵演出、朗诵比赛中，我们都能听到古诗词作品的诵读。

当然，朗诵作为一种展示或者表演，对时长总会有一定的要求。太长或者太短的诗歌都不适合作为一个节目出现在舞台上，因此，人们对古诗词朗诵的篇目选择颇有讲究：首先必须是听众耳熟能详的经典篇目，考虑到文言文不像白话文那么易懂，倘若朗诵的作品大家都没听过、没读过、没学过，那别说引发感动，甚至有可能出现听不懂的状况；其次作品的篇幅有一定讲究，篇幅太短如五言绝句、七言律诗，构不成一个节目，篇幅太长如《离骚》《孔雀东南飞》，作为一个节目有点拖沓，因而宋词和部分中等篇幅的唐诗变成了朗诵表演的首选。

水 调 歌 头
苏 轼

丙辰中秋，欢饮达旦，大醉，作此篇兼怀子由。

明月几时有？把酒问青天。不知天上宫阙，今夕是何年。我欲乘风归去，惟恐琼楼玉宇，高处不胜寒。起舞弄清影，何似在人间。　　转朱阁，低绮户，照无眠。不应有恨，何事长向别时圆？人有悲欢离合，月有阴晴圆缺，此事古难全。但愿人长久，千里共婵娟。

这是宋代大文学家苏轼创作的一首脍炙人口的宋词佳作，后被台湾著名曲作家梁弘志改编为民谣歌曲《但愿人长久》，并由王菲唱遍大江南北，成了当代国人最为熟悉的宋词作品之一。

本篇词作，写的是诗人在中秋当晚，把酒望月，睹物思人，想起七年未见的胞弟苏澈，心中无尽的离愁别绪。因此在朗诵的时候，要表现出作者当时那种淡淡的醉意与浓浓的愁绪。

"明月几时有，把酒问青天"，很多人在处理这一句开场的时候，往往会过于表面化、形式化，甚至还要做一个举杯饮酒的动作，那便是有些浮夸了。在朗诵时，我们的情感表达需要更加"走心"，体会作者的内心起伏。特别是"我欲乘风归去……"之后的部分，要重点突出作者想归家却又归不得的无奈之情。

第二段，情绪逐渐从无奈变为忧郁。从"转朱阁"到"别时圆"，正是作者的三分醉意七分愁绪所说出的抱怨之词。因此在这一句话中，语言的情绪逐渐浓烈，力度也是逐渐上升。但最后两句，作者却又笔锋一转，跳脱了先前的满腹愁绪——自古以来,分与合一直都是世间的主旋律,又何必太过纠结呢?还是将美好的祝愿赠与世人吧!因此这一段的朗诵,要有一种"豁然开朗"的感觉,将原本的离愁别绪渐渐转变成对未来的美好期待——而这也是本篇作品有别于其他赏月悲秋文章的最大亮点。

声声慢

李清照

寻寻觅觅,冷冷清清,凄凄惨惨戚戚。乍暖还寒时候,最难将息。三杯两盏淡酒,怎敌他、晚来风急?雁过也,正伤心,却是旧时相识。　满地黄花堆积。憔悴损,如今有谁堪摘?守着窗儿,独自怎生得黑!梧桐更兼细雨,到黄昏、点点滴滴。这次第,怎一个愁字了得!

这是宋代著名的女性文人李清照中晚期的一首代表作。李清照晚年,接连遭遇国破、家忘、夫死的悲惨境遇,她的文风也变得阴沉而忧伤,这首《声声慢》属于这一时期风格的典型。

开篇连续七组叠词,是一种极具音韵感的设计。因此在朗诵的时候,要通过声音表现出这种富有弹跳性的律动来。同时,有的朗诵者在处理这七组词的时候,着重凸显一个"凄惨",这样的理解其实是有失偏颇的。其实上半段重点表现的是李清照在秋天的早晨醒来,"孤独寂寞冷"的情绪感受。所以,无论是"冷清"还是"凄惨",抑或是"寒暖"的感受,表现的都是作者内心的寂寞与伤感。

第一段最后一句"却是旧时相识",拉开了作者回忆往事的序幕。于是从第二段起,往日美好生活的种种,与如今悲凉的现状形成了鲜明的对比,令作者愈发无法承受。满心的愁绪就这样延续了整整一天,到黄昏还下起了小雨,实在是有种"愁更愁"的意味。

在这段中,重点需要把握的就是最后一句的那个"愁"字。要知道,当时李清照的物质条件并没有到贫困潦倒的境地,悲哀的不是贫穷,而是内心的空虚寂寥。因为心中是暗的,所以目中的一切都没了光彩。

因此,在全文的基调中,练习者不能为愁而愁,甚至将愁说成了惨,这与杜甫的《茅屋为秋风所破歌》还是有区别的。不将情绪流于表面,而是将愁怨之情埋于心底,这样的朗诵效果才算上佳。

需要注意的是,这首《声声慢》属于仄韵体,从平仄关系来看,词中很多字的音调和读法都与现在不同。为了能更好地体现其中的音韵感,有个别关键字建议还是遵循古音。例如"旧时相识"的"识"要念去声,"有谁堪摘"的"摘"建议念"这"音,"怎生得黑"的"黑"建议念"贺"音,"愁字了得"的"得"建议念"地"音——这些字的声调在古时候念成"入声",平仄关系为"仄"。由于这些字在现代普通话中都改为了阴平,所以在朗诵诗歌的时候就会出现误会。此外,"乍暖还寒"的"还"需要念"环"音,大家同样不要搞错。

将 进 酒
李 白

君不见黄河之水天上来,奔流到海不复回。
君不见高堂明镜悲白发,朝如青丝暮成雪。
人生得意须尽欢,莫使金樽空对月。
天生我材必有用,千金散尽还复来。
烹羊宰牛且为乐,会须一饮三百杯。
岑夫子,丹丘生,将进酒,杯莫停。
与君歌一曲,请君为我侧耳听。
钟鼓馔玉不足贵,但愿长醉不愿醒。
古来圣贤皆寂寞,惟有饮者留其名。
陈王昔时宴平乐,斗酒十千恣欢谑。
主人何为言少钱,径须沽取对君酌。
五花马,千金裘,呼儿将出换美酒,与尔同销万古愁。

这是唐代著名的浪漫主义诗人,被称为"诗仙"的李白所写的一首脍炙人口的佳作。《将进酒》最早是汉乐府的一个曲调名,意思就是"劝酒歌"(注意:"将"字在题目中念"枪"音)。李白沿用乐府诗的体例进行创作,造就了这首流传最广、影响最深远的《将进酒》。这首诗与规范的"五言"或"七律"诗相比,语言结构更为灵活,这也为朗诵表演创造了更大的空间。

李白爱酒,也是众所周知的,此诗的内容为劝酒,显然从内容到状态都离不开一个"醉"字。在朗诵时加上一些"醉"的感觉,才能让自己更加潇洒、更加豪放、更加自由自在地驾驭这首诗作。

同时,醉的目的又是什么呢?"一醉解千愁!"这首诗写于作者被"赐金放还"之后(也就是被贬谪了),政治抱负无法施展,心中自有万千苦闷。然而作者豁达豪爽的性格又决定了诗人不会在这种情况下去写一些苦情哀怨的诗歌,反而是以酒解愁,借醉抒怀。

一开篇的两组长句,作者先以黄河起势,再以岁月相喻,用巨大的空间对比和漫长的时间对比展现出一幅无比大气开阔的画卷。这种长句的气势,远不是"五言""七律"可以比拟。因此在朗诵时,要尽可能地体现句中的澎湃气势。

接着转入主题——如此澎湃的黄河也就这样奔流而过了,如此漫长的人生也就这样转眼即逝了,人们又何不"今朝有酒今朝醉"呢?然而,毕竟作者的追求和那些"及时行乐"的狂徒还是不同的,一句"天生我才"展示了作者远大的抱负绝非凡人可比。显然在这一段落中,要体现的是一股豪放与爽朗的劲头,而不能沾染上"纵情声色"的糜腐气息。

然后,紧接着六句短句,错落有致,话语从天上转回席上的来宾,从"对酒当歌"变成了"把酒言欢""且歌且吟"。这时一定要注意朗诵时的节奏变化,凸显短句节奏鲜活明快的特点,将原先浩大的气势暂时回收,转为一种亲切、友善的席间对话。

之后话锋又转变成一番慷慨激昂的演讲。此时作者仗着酒劲已不再是谈天说地,而是直接说到了自己的理想与抱负,以及在现实中所遭遇的苦楚与愤懑!在此,作者将自己与陈工曹植相比,更是为了发泄心中政治抱负无法施展、抑郁不得志的愤怒与不爽。朗诵这段时,需要将之前收敛的情绪再次释放,而且与开篇不同,这里的"诳语"更有针对性,发泄是一种真真切切的情感。

最后三句,喝得酩酊大醉的作者早已忘了酒席上谁是主、谁是客,要求主人典当宝马、华服,换来美酒继续喝!口气之大、姿态之高,绝非常人可以企及。因此在朗诵时,还要再加三分"醉意"、三分"狂劲儿",尽可能地表达出"谪仙人"的气势与气度。

2. 现代诗

现代诗是一个与古体诗相对应的概念,指的是"五·四"以后以白话文创作的诗歌。此类诗歌不同于古体诗词有着非常严格的格式,而是用一种更自由、更随意的手法进行创作。

诗作格式体例上的变化,自然会对朗诵方式产生影响。不同于古诗词朗诵重视字音的完整性、字调与句调的起伏感、句与句的工整度、对押韵和平仄的锱铢必较……现代诗的朗诵更重视情感的表达。诗的分行、句的长度都没有了严格的规定,同时朗诵时停顿的处理和节奏的把握也变得更为自然;平仄对诗句的要求几乎没有了,押韵也变成了非绝对的标准,朗诵的韵律感和起伏感也变得更为抽象。总之,现代诗更多的是一种情感的抒发,用语言感染人、感动人,可以说是现代诗朗诵的重点所在。

致 橡 树

舒 婷

我如果爱你——
绝不像攀援的凌霄花,
借你的高枝炫耀自己;

我如果爱你——
绝不学痴情的鸟儿,
为绿荫重复单调的歌曲;
也不止像泉源,
常年送来清凉的慰藉;
也不止像险峰,
增加你的高度,衬托你的威仪。
甚至日光,
甚至春雨。
不,这些都还不够!
我必须是你近旁的一株木棉,
作为树的形象和你站在一起。
根,紧握在地下,
叶,相触在云里。
每一阵风过,
我们都互相致意,
但没有人,
听懂我们的言语。
你有你的铜枝铁干,
像刀,像剑,
也像戟;
我有我红硕的花朵,
像沉重的叹息,
又像英勇的火炬。
我们分担寒潮、风雷、霹雳;
我们共享雾霭、流岚、虹霓。
仿佛永远分离,
却又终身相依。
这才是伟大的爱情,
坚贞就在这里:
爱——
不仅爱你伟岸的身躯,
也爱你坚持的位置,足下的土地!

舒婷，是中国当代非常重要的一位女诗人，也是中国朦胧诗派的代表人物。这首《致橡树》是她作品中最有名的一首诗作。诗歌创作于上世纪70年代末，当时的作者只有20多岁，在这首诗中，作者借喻"木棉向橡树的表白"，表达了自己的爱情观——独立、自尊，不依附于男性的、有尊严的爱情。因此，在朗诵的时候，我们需要把准诗歌的主基调——柔中带刚。

诗歌的开头，作者接连做了六个与自己的爱情观相反的比喻，将传统、世俗的爱情比作"凌霄花、鸟儿、泉源、险峰、日光、春雨"，仅仅是依附于男性身边的一个装饰、一个点缀。这一段的朗诵，可以处理得稍微柔一些、"黏"一些、"嗲"一些。因为这些代表的都是缺乏独立意识的女性，这些形象在作者看来，都是一碰就倒、一捏就碎，在爱情的世界不能用自己的力量生存的人。

"不，这些都还不够！"从这里开始，作者态度坚定地表达了自己的爱情理念——必须像木棉一样，同样是以"树的形象和你站在一起"。这里朗诵的语言就要从之前的柔美转为坚定，表现出作者独立、自尊的爱情观。"不""不够""木棉""树""站在一起"都是需要重点突出的关键词。

接下来，作者开始细细讲述木棉和橡树的爱情是什么样的。从"根，紧握在地下"到"共享雾霭、流岚、虹霓"，作者接连设计了三组情绪上的对应。在朗诵的时候，基本都是前一句带有力量，后一句略显柔情，在不断的情绪变化中展现出男性与女性的爱情相处之道。

从"仿佛永远分离"开始，诗歌进入结尾部分。先是两句对仗，"仿佛……却又……"即是对上面文字的归纳，又是底下总结句的承接，在语言处理上略偏柔和。然后从"这才是伟大的爱情"开始加强力度，"这""伟大""坚贞""就"这些字都可以重读处理，吐字的"硬"即代表着作者态度的坚定。

而在最后，作者再一次转变情绪，音调下降、语速变缓，用一种深沉而舒缓的情绪结束全文，将作者的这份爱烘托得更为深邃与博大。

纵观全诗，朗诵的情绪表达始终处于刚柔交错的过程之中，前一句表现了力量，后一句必然展现温柔……就在这样的反复交错之中，一种象征着爱情的"韧性"便从诗句中炼成了。

再别康桥

徐志摩

轻轻的我走了，
正如我轻轻的来；
我轻轻的招手，

作别西天的云彩。

那河畔的金柳,
是夕阳中的新娘,
波光里的艳影,
在我的心头荡漾。

软泥上的青荇,
油油的在水底招摇;
在康河的柔波里,
我甘心做一条水草!

那榆荫下的一潭,
不是清泉,是天上虹;
揉碎在浮藻间,
沉淀着彩虹似的梦。

寻梦？撑一支长篙,
向青草更青处漫溯,
满载一船星辉,
在星辉斑斓里放歌。

但我不能放歌,
悄悄是别离的笙箫;
夏虫也为我沉默,
沉默是今晚的康桥!

悄悄的我走了,
正如我悄悄的来;
我挥一挥衣袖,
不带走一片云彩。

在中国,徐志摩的《再别康桥》几乎是一首无人不知无人不晓的诗作。作为中国近代新月派诗人的代表,他那卓绝的文采与他的爱情史一同被世人所津津乐道。同时,英年早逝的命运更使一代又一代的文学青年为之扼腕痛惜。

很多人都会错把《再别康桥》当作一首情诗,事实上作者在诗中所抒发的并非男欢女爱之情,而是对英国康桥(即现在剑桥大学所在地)的思念之情。当然,也有人认为,徐志摩与一生中最爱的女子林徽因正是在康桥相识、相恋,然而就在他与原配张幼仪离婚后,林徽因却突然与梁思成结婚,这种突如其来的打击令诗人在重回康桥时睹物思人,在诗中融入了对爱人的思念之情,似乎也是有理有据,说得过去。当然,无论是追忆往昔的岁月还是追忆逝去的爱情,这首诗在中国文学界的地位,是丝毫不会动摇的。

这篇诗歌相比前一篇《致橡树》,朗诵的难度大了许多。它从头到尾的风格与基调都非常统一,因此在外在表现上不会有太过明显的起伏,这往往会令朗诵者有一种无处着手的感觉——朗诵得太柔和了,平淡如水,无法打动听众;朗诵得太波澜了,无病呻吟,让观众觉得做作。因此,通过深度准备,挖掘出每一行每一句的情感变化,成为了朗诵的关键所在。

全篇共分 7 段,开篇第一段,就为诗歌奠定了基调。在来去之间,没有一丝声响、不留一点痕迹,优美的文字直接为朗诵的表达指明了方向——轻轻的声音、缓缓的节奏、淡淡的情感、柔柔的内心。

然后第二、第三段,说的是康河边的美景。在作者的妙笔之下,原是普通得再不能普通的柳树与水草,仿佛都变成了世间的精灵。在朗诵之时,一定要着力凸显景物的美,以及诗人故地重游内心的欢欣。这两段的音色是稍明亮的,节奏也是稍欢快的,情感也是稍喜悦的——但一切都要在内敛的基调下,切不可表现得太过外露。

第四段伊始依然是写景,然而最后一个"梦"字,让他的内心渐渐地从对景的欢心转换为对往昔的追忆。诗人想要去追寻自己的梦,在梦里尽情地放歌,然而他却做不到,在现实中他的梦想已经破碎,如今回想起往昔的美好,留下的却只有一地残碎。

因此,从第四段到第七段,在朗诵时需要完成情绪上的几个转变——从观景的欣喜转向对梦想的追溯,在梦想最美丽、心情最欢畅的瞬间又忽然被打回现实,原先的美好化作一缕缕愁云盖在了作者心头。第四、第五段的转换表现为兴致逐渐浓郁、状态愈发积极、情感更加欢畅,第六段的"星辉斑斓里放歌"使这种情绪到达顶端;第七段出现 180 度的大转弯,声音立刻回收,音色变得暗淡,愁苦与无奈在语言中成为了主导。

就这样,诗人结束了这一次的康桥之行,又将如来时的那般悄悄地离去。然而此时，他的心情比来时更多了一份忧伤、一份离愁。但这样的情感同样也是轻轻悠悠的，既没有留在康河，也没有带回中国，就像一阵风，吹散在天地之间。反映在声音之上，依然要回归第一段时的淡然，即便去时的心情比来时更加忧郁、更加感伤，那也依然是淡淡的。

  整首诗朗诵的关键，在于把握文字中的"音乐美"。能否把作品理解为一首舒伯特的小夜曲，不是外在语音上的起伏，而是透过文字，在内在情感跳跃中找到表达的突破口，这是需要朗诵者不断思考的。

相信未来
食　指

当蜘蛛网无情地查封了我的炉台，
当灰烬的余烟叹息着贫困的悲哀，
我依然固执地铺平失望的灰烬，
用美丽的雪花写下：相信未来。

当我的紫葡萄化为深秋的露水，
当我的鲜花依偎在别人的情怀，
我依然固执地用凝霜的枯藤，
在凄凉的大地上写下：相信未来。

我要用手指那涌向天边的排浪，
我要用手掌那托起太阳的大海，
摇曳着曙光那支温暖漂亮的笔杆，
用孩子的笔体写下：相信未来。

我之所以坚定地相信未来，
是我相信未来人们的眼睛——
她有拨开历史风尘的睫毛，
她有看透岁月篇章的瞳孔。

不管人们对于我们腐烂的皮肉，
那些迷途的惆怅，失败的苦痛，
是寄予感动的热泪，深切的同情，

还是给以轻蔑的微笑,辛辣的嘲讽。

我坚信人们对于我们的脊骨,
那无数次地探索、迷途、失败和成功,
一定会给予热情、客观、公正的评定,
是的,我焦急地等待着他们的评定。

朋友,坚定地相信未来吧,
相信不屈不挠的努力,
相信战胜死亡的年轻,
相信未来,热爱生命。

《相信未来》是中国当代诗人食指的代表作。食指原名郭路生,在中国文学界被称为是朦胧诗的鼻祖。他与汪国真、舒婷、顾城、海子等一批优秀的诗人一起,在上世纪七八十年代的中国掀起了一股现代诗的热潮。

这首诗创作于1968年,那是中国无比灰暗的一段历史时期。然而,这首诗就像是一盏明灯,为当时的人们照亮了人生的道路、指明了前进的方向。尽管没有出版的机会,但这首诗在"地下"仍然被广为传抄,并不断诵咏于整整一代年轻人口中。

整首诗共分七段,每一段的结构相对都较为工整,这为朗诵(特别是配乐)提供了很好的条件。诗歌运用了大量的比喻,用以喻指那些在当时社会不能明言的"暗"与"光"。

前两段,结构完全相同,都是先抑后扬,前两句显示的阴暗与残酷——物质的贫穷、精神的荒芜、人性的扭曲、世道的不公……后两句表明自己对未来的坚定信心。在朗诵的时候,两段大致可以使用同样的处理手段——前一半压抑、阴沉,语调低、语速慢,着力描绘作者的"痛苦";后一半色彩逐渐变得明亮,整体语势微微上扬,但同时控制力度和气息以保持思想的深沉与坚定。另外,为了表现出一种递进的感觉,第二段整体的情感可以比第一段更为浓烈一些,表现力也可以放得略开一些。

第三段的前两句是一组排比,而后两句又回到了第一、第二段的结构,可以理解为是对前两段的一个总结和升华。因此练习者可以把声音放得更开,把之前压抑着的情绪释放出来。需要注意的是,第三段前两句中的"指"和"掌"是两个动词,不能和前面的"手"字组成词语来念。

另外,三段最后都是以"相信未来"作为结尾,因而在处理这三个"相信未来"的时候必须要有所区别。第一个对应"美丽的雪花",可以适当柔和一些;第二个对应"凄凉的大地",可以带一些呐喊的色彩;第三个对应"孩子的笔体",可以带一些孩子般童真的色彩。

到了第四段,作者开始由表及里,用理智的分析告诉人们自己为什么会坚定地相信未来。在这里,语言的力度和速度都要有所加强,运用平实的中音区音色,走出之前阴暗、残酷的气氛,抬起头自信地向世人宣告。

第五、第六段是一个连贯的语意,同时两段之间又有着明显的转折和对应关系。从朗诵的表达来看,同样采用先抑后扬的方式,第五段重点描写表面的创痛,可以念得较为深沉,但第三句"感动的热泪,深切的同情"和第四句"轻蔑的微笑,辛辣的嘲讽"之间依然要有明显的区别,前者带有温暖的感情,后者带有冷酷的色彩。

第六段则是在第五段的基础上疾速上扬,"脊骨"与"皮肉","探索、迷途、失败和成功"与"迷途的惆怅,失败的苦痛"要在音量、音高、音色、力度上形成鲜明的反差,特别是最后一句,是对前三句的总结与升华,根据朗诵者的习惯,可以加一些用哑声嘶喊的技巧,或是带上一些有力的动作,将满腔的激情与信心用一种热烈而深沉的形式融于字里行间——那是一种有含蓄的爆发,在内敛之中蕴含无限的能量。

最后一段,音色归于明亮而结实的实声。那是一种鼓舞,也是一种欢呼,在声音中要表现出作者坚定的信心和乐观的态度,以及向苦难宣战的大无畏精神。最后八个字,一定要有呐喊的感觉,但要注意,这是一种成熟的呼喊,音调不能太高、音色不能太亮,不能叫在表面、流于浮夸。结实有力、带有浑厚胸腔共鸣的中音是最好的用声选择。

第二节 散 文

一、散文的特点

(一) 以小见大

一般散文的篇幅不长,它往往通过一些细小的生活片断、平凡的人或事物来表达作者的思想感受或人生体验,这种感受或体验通常很细腻,在细腻中折射出思考和意义。所以,凡是能够表现文章潜在意义的词或词组,尤其要抓住。

(二) 形式多样

散文作为一大类文学作品,包括很多种类型。在语气上可以分为深沉型、高亢型、温婉型、轻快型,等等;在内容上包括描景、状物、写人、记事等——其实还可以细分下去,每一种形式的文章,在表达上都有不同的要求。

(三) 形散神聚

散文的形式可以很散,可以把很多的片断排列起来,但是散文的"神"一定不能散,否则文章就显得很碎,没有主旨了,也就是说一定要抓住文章的基调,找到明晰的情感依托。比如《父亲的爱》这篇文章,片断就很多,这里面有埋怨、有怀念、有笑、有泪,但是文章的"神"是我对父亲的爱,文章中那种淡淡的怀念和温馨是切不可忘记的。

(四) 语言优美

散文的文字一般十分优美,句子长短变化多、修辞使用多,所以散文的音乐性和形象感十分明显,表达的时候一定要抓住事物、景致、人物的特点,挖掘出深藏的情愫。所以,散文的表达要注意以下几点:①理清线索、摸准基调;②表达细腻、点染得体;③娓娓道来、抒情写意;④修饰文辞、凸现音乐美。

二、训练材料分析

1. 抒情散文

海 上 日 出

巴 金

在船上,为了看日出,我特地起个大早。那时天还没有亮,周围是很寂静的,只有机器房的声音。

天空变成了浅蓝色,很浅很浅的;转眼间天边出现了一道红霞,慢慢儿扩大了它的范围,加强了它的光亮,我知道太阳要从那天际升起来了,便目不转睛地望着那里。

果然过了一会儿,在那里就出现了太阳的一小半,红是红得很,却没有光亮。这太阳像负着什么重担似的,慢慢儿,一步一步地,努力向上面升起来。到了最后终于冲破了云霞,完全跳出了海面。那颜色真红得可爱。一刹那间,这深红的东西,忽然发出夺目的光亮,射得人眼睛发痛,同时附近的云也添了光彩。

有时太阳走入云里,它的光线却仍从云里透射下来,直射到水面上。这时候,人要分辨出何处是水,何处是天,很不容易,因为只能够看见光亮的一片。

有时天边有黑云,而且云片很厚,太阳出来了,人却不能够看见它。然而太阳在黑云里放射出光芒,透过黑云的周围,替黑云镶了一道光亮的金边,到后来才慢慢儿透出重围,出现在天空,把一片片黑云变成了紫云或红霞。这时候,光亮的不仅是太阳、云和海水,连我自己也成了光亮的了。

这不是很伟大的奇观么?

《海上日出》是大文学家巴金所写的一篇名篇,文章很小,不以思想性见长,但作品的影响力却很大。文章写于1927年作者坐船去英国留学的途中,抒写海景之美,同样也抒发着作者对未来的希望和信心。

行文第一段,作者为了看日出"特地起个大早",这是一种兴奋的表现。但在朗诵时,不能处理得太过兴奋,因为"周围是很寂静的"——显然巴金所在的渡船,并非如今的豪华游轮,一大早祖孙三代在甲板上嬉笑欢闹的场景,是见不着的。作者即便怀着兴奋的心情去看日出,却依然在清冽的晨风中,怀着一颗娴静的心。而这也为整篇文章奠定了一个主基调——舒缓的、沉静的、松弛的朗诵状态。

第二段,太阳将出而未出的时候。作者怀着期待的心情望着远方的红霞,然后眼见着这道霞光越来越亮……在这一部分,要利用声音由弱渐强、由低转高的方法来处理,"转眼间""慢慢儿"这些表示时间和程度的词可以重点把握,而后一句"我知道太阳要从……"可以采取上升语势,以突显作者当时的期待不断获得满足并即将实现的喜悦。

第三段的前半,太阳"出现了一小半"颜色虽然红却没有光亮。这时的作者似乎有些欢喜,却还并不满足。因此要通过句调和态度的变化来表现这种情绪的转折。然后"重担""慢慢儿""一步一步""努力",作者连续运用多个词汇来形容太阳上升的"艰难"。朗读者同样要借助语速和力度的变化,表现出这种极其缓慢而又不易的上升过程。

当太阳"完全"跳出海面的时候,需要在"完全"上加重音并适度夸张处理。而此时作者的感情,就好像是眼看着一只小鸡从鸡蛋中破壳而出一样,充满着喜悦与欣慰。可以用类似的经历来做"情感替代","红得可爱"可以使用"重音弱读"的方式来表现。接着,太阳发出了"夺目的光亮",这时的声音就可以略微放开一些了,语速也可以变得更快一些,"光亮""发痛"都可以用短促、有力的重音处理,让人有一种豁然开朗的感觉。

第四段,写的是太阳从云中透射到海面上的情境。有过相似经历的朋友完全可以想象那种海天一色都闪着银光,让人睁不开眼的感觉。同样,在广袤的雪地里人们也可以获得这种阳光洒落,光亮一片的体验。从这段起,作者的情绪显然随着太阳的完全出现而渐渐从兴奋转为沉稳,因此语言中除了对美景的感慨,又多了一份娓娓道来的从容感。

倒数第二段,依然是太阳和云的关联。只是这次的云变成了厚厚的黑云。在表达上,需要重点突出"即便有黑云,太阳依然能展现出自己的存在"这样的态度,同时,这段出现的多个色彩性词汇"黑云""金边""紫云""红霞"也要用心处理,念出每一种色彩的不同。最后一句"连我自己也成了光亮的了"更是表现了作者希望能与自然融为一体的美好情怀。在语言的情感色彩中要融入一份陶醉与全身心的投入。

文章的结尾"这不是很伟大的奇观么?"是一句反问句。用反问句结尾,对于朗诵的表达具有一定的难度。首先,要保持对"海上日出"美景的喜爱与迷恋;然后,又要带有一些理性色彩地去思考,并提出问题;同时,又不能在反问中表现出轻佻、质疑、甚至讽刺的味道,语调高低变化的把握是有一定难度的。

海　燕

高尔基

在苍茫的大海上,狂风卷集着乌云。在乌云和大海之间,海燕像黑色的闪电,在高傲地飞翔。

一会儿翅膀碰着波浪,一会儿箭一般地直冲向乌云,它叫喊着,——就在这鸟儿勇敢的叫喊声里,乌云听出了欢乐。

在这叫喊声里——充满着对暴风雨的渴望!在这叫喊声里,乌云听出了愤怒的力量、热情的火焰和胜利的信心。

海鸥在暴风雨来临之前呻吟着,——呻吟着,它们在大海上飞窜,想把自己对暴风雨的恐惧,掩藏到大海深处。

海鸭也在呻吟着,——它们这些海鸭啊,享受不了生活的战斗的欢乐:轰隆隆的雷声就把它们吓坏了。

蠢笨的企鹅,胆怯地把肥胖的身体躲藏到悬崖底下……只有那高傲的海燕,勇敢地,自由自在地,在泛起白沫的大海上飞翔!

乌云越来越暗,越来越低,向海面直压下来,而波浪一边歌唱,一边冲向高空,去迎接那雷声。

雷声轰响。波浪在愤怒的飞沫中呼叫,跟狂风争鸣。看吧,狂风紧紧抱起一层层巨浪,恶狠狠地把它们甩到悬崖上,把这些大块的翡翠摔成尘雾和碎末。

海燕叫喊着,飞翔着,像黑色的闪电,箭一般地穿过乌云,翅膀掠起波浪的飞沫。

看吧,它飞舞着,像个精灵,——高傲的、黑色的暴风雨的精灵,——它在大笑,它又在号叫……它笑那些乌云,它因为欢乐而号叫!

这个敏感的精灵,——它从雷声的震怒里,早就听出了困乏,它深信,乌云遮不住太阳,——是的,遮不住的!

狂风吼叫……雷声轰响……

一堆堆乌云,像黑色的火焰,在无底的大海上燃烧。大海抓住金箭似的闪电,把它们熄灭在自己的深渊里。这些闪电的影子,活像一条条火蛇,在大海里蜿蜒游动,一晃就消失了。

——暴风雨!暴风雨就要来啦!

这是勇敢的海燕,在怒吼的大海上,在闪电中间,高傲地飞翔;这是胜利的预言家在叫喊:

——让暴风雨来得更猛烈些吧!

《海燕》是俄国大文豪高尔基创作的一首短小的革命题材的散文诗。这原本是短篇小说《春天的旋律》中的结尾诗,但在试图全文发表时遭到了俄国沙皇审查机构的阻挠,无奈最后钻了个空子,趁审查者的疏忽将这一段语言相对较为隐晦的散文诗在《生活》杂志上单独发表了。而就在发表后不久,发现了问题的沙皇当局立刻查封了《生活》杂志。这篇呼吁人们冲破黑暗、迎接光明的"战斗檄文"却就此传遍了俄国。

文章创作的时间大约是在1901年初,正值俄国处于极其动荡的沙皇统治末期,国内经济崩溃、大量工人失业,人民革命运动风起云涌,沙皇反动政府的镇压愈发残酷。高尔基创作本文的目的,正是为了呼吁广大受压迫的民众团结起来反抗沙皇的暴虐统治,用革命力量迎接俄国美好的未来。

从文体上看,本文属于"散文诗",这是一种兼具散文与诗歌特性的文学体裁。它没有诗歌的分行和押韵,但保留了诗歌的幻想意境,在词句的音韵上也具备了诗的美感;同时它又比诗歌更加注重细节的描写,具备了散文般的自由色彩与内涵。

文章大体可以分为三部分:第一部分是1~6段,写的是在暴风雨来临之前,海燕在天空中渴望暴风雨的来临;第二部分是7~11段,写的是暴风雨即将来临,海燕在海面上迎接暴风雨的来临;第三部分是12~16段,写的是海燕用自己的呼喊声向世界宣告暴风雨的来临。

整篇文章使用了大量的比喻,将当时背景下的革命力量、反动势力和愚昧的胆怯者分别比拟为不同的"物",并在海天一线的战场上殊死搏斗。全文画面感非常强烈,每一个句子都可以转换为人脑中的画面图像。这十分有利于利用朗诵的"视像感"来感受、表达,在"看到"的基础上,进一步表现作者的内在情感。

  一开篇,作者开门见山,交代了作品展开的基本场景和主要角色。大海的宽广与混沌,海燕的高傲与英勇,两者生动的形象已然浮现纸上。第二段的文字清楚地指明了朗诵语势的发展方向,语调的高低与海燕上下飞舞的趋势是完全相同的。最后一个词"欢乐"可谓是这段表达的重点——它表现了海燕的乐观与自信,这也是真正的革命者面对最恐怖的暴力统治所应有的态度——冬天来了,春天还会远吗?

  那么,作为统治者化身的"乌云"听到的究竟是什么呢?是"愤怒的力量、热情的火焰和胜利的信心",归根结底,是对象征着革命的"暴风雨"的渴望!在这一段,需要加强语言的力量,在所有具备强调价值的词语上施以坚定有力的重音,以展现海燕对待革命的坚定信心。

  接着,作者笔锋一转,用了整整三段文字描写了"海鸥""海鸭""企鹅"这三个愚民、懦夫、伪善者面对革命时的那种丑态。因此朗诵者的口气要极尽讽刺、鄙夷之色,用不着严厉的辱骂与批判,而是一种从心底的看不起。只有这样,在处理最后一句"只有那高傲的海燕……"的时候,才能使海燕与之形成鲜明的反差。

  接下来,第二部分,形势变得愈发严峻。前两段,作者描写了一段惨烈的狂风与波浪的战斗,最终作为"恶"的代表——狂风赢得了暂时的胜利——像极了反动势力对革命力量的残酷镇压。在朗诵的时候,前一段描写乌云的部分要尽量低沉、冷峻,描写波浪的时候则要表现出坚定向上的力量。

  然后,"雷声轰响"四个字仿佛是一场战斗开始的号角。紧接着狂风和波浪的战斗需要用很快的语速来表现出战斗的紧张感,同时还要通过声音的力度和态度表现出狂风的暴虐及对波浪的同情。

  然而海燕却并没有被这残酷的一幕吓倒。它"穿过乌云、掠起飞沫",仿佛是接过了"海浪"手中革命的旗帜,向"乌云"发起了挑战的宣言!前一段描写海燕的动作,语速同样要略快一些,但吐字不再是机关枪一般的急促,而是如瀑布飞流而下的大气,展现出一种"强疾"的节奏。

  后一段则是对海燕的赞美,可以采取上行语势,特别是两个破折号之间的三个形容词"高傲、黑色、暴风雨"一定要念出明显的气势上的梯度,同时后面的重音"大笑""号叫""欢乐""号叫",每一个都要有很强的力度,还要有一个比一个强的冲击力——这对朗诵者气息的分配、高音的控制力都有着极高的要求,不然很容易在高音位置劈嗓,或是捏着嗓尖叫。

  第11段,这是第二部分的结尾。朗诵者要把声音重新收回来,回到低音区开始处理,对于海燕所深信的"乌云遮不住太阳",并不需要喊叫,而是通过中音区明亮宽广的实声,表现出它的乐观与自信。

第三部分,战争愈发迫近,"风"与"雷"试图再做最后的挣扎。这八个字,要降低音调、拖慢语速,用"凝重"的节奏凸显现场的紧张。

然后又是一场战斗——这次的对象是大海与闪电,最终象征革命力量的大海获得了胜利! 这段同样要加快速度、加大力度,运用"强疾"节奏表达,表现出对"大海"获胜的自豪与对"闪电"落败的鄙夷。

倒数第三段,尽管是两个感叹号,但不用处理得太过强劲。反而,倒是一种在黑夜中看见光亮一般的兴奋与激动,音色内敛深沉,"走心"为佳。

最后两段,是文章全篇最终的高潮。可以将这两段放在同一个上行语势中处理,六个短句每一句的音高和音强都比上一句更高、更强,并且在最后用尽全力爆发出最强的呼喊——"让暴风雨来得更猛烈些吧!"

这一部分,需要对发声和气息有很强的控制力,首句的音调要足够低,气息要"兜"得住;末句的音调要足够高,力量要"砸"得出去;中间层层叠叠均匀上升,要做到层级分明、气息不断。这篇文章,可以说是考验朗诵者气息控制、音高控制、重音运用、语势运用、节奏变化、视像感把握等一系列基本功和表达技巧的集大成者。

2. 记叙散文

朋友和其他

杏林子

朋友即将远行。

暮春时节,又邀了几位朋友在家小聚,虽然都是极熟的朋友,却是终年难得一见,偶尔电话里相遇,也无非是几句寻常话。一锅小米稀饭,一碟大头菜,一盘自家酿制的泡菜,一只巷口买回的烤鸭,简简单单,不像请客,倒像家人团聚。

其实,友情也好,爱情也好,久而久之都会转化为亲情。

说也奇怪,和新朋友会谈文学、谈哲学、谈人生道理等等,和老朋友却只话家常,柴米油盐,细细碎碎,种种琐事。很多时候,心灵的契合已经不需要太多的言语来表达。

朋友新烫了个头,不敢回家见母亲,恐怕惊骇了老人家,却欢天喜地来见我们,老朋友颇能以一种趣味性的眼光欣赏这个改变。

年少的时候,我们差不多都在为别人而活,为苦口婆心的父母活,为循循善诱的师长活,为许多观念、许多传统的约束力而活。年岁逐增,渐渐挣脱外在的限制与束缚,开始懂得为自己活,照自己的方式做一些自己喜欢的事,不在乎别人的批评意见,不在乎别人的诋毁流言,只在乎那一分随心所欲的舒坦自然。偶尔,也能够纵容自己放浪一下,并且有一种恶作剧的窃喜。

就让生命顺其自然,水到渠成吧,犹如窗前的乌桕,自生自落之间,自有一分圆融丰满的喜悦。春雨轻轻落着,没有诗,没有酒,有的只是一分相知相属的自在自得。

夜色在笑语中渐渐沉落,朋友起身告辞,没有挽留,没有送别,甚至也没有问归期。

已经过了大喜大悲的岁月,已经过了伤感流泪的年华,知道了聚散原来是这样的自然和顺理成章,懂得这点,便懂得珍惜每一次相聚的温馨,离别便也欢喜。

叙事性散文通常是对一些生活小事的讲述,在淡淡的情节中表现出作者淡淡的心绪。整体的基调有点像是节奏舒缓的文艺电影。

这是台湾作家杏林子的一篇叙事散文,讲述了一件小事——朋友即将远行,临走之前来我家小聚。在相聚的点滴中获得对生命的种种感悟。整篇文章的风格始终是淡淡的,云淡风轻、花开花落、笑谈人生。因此在朗诵时,基调也应该是深沉的、恬静的,偶有一些起伏,也不过是波平如镜的湖面上泛起的微微涟漪。正如古人所言——君子之交淡如水。

开篇第一句"朋友即将远行"。看似与全文没有什么关联,却隐约交代了这次聚会的缘由——下一次这样的聚会,或许要等到很久之后了。但即便如此,作者却没有丝毫幽怨。第二段立刻转入对日常的简单描写,多用短句,并且句与句之间的逻辑关联也并不是很明显,完全体现了散文"形散神不散"的特点。

当然,这对有声语言的表达却并不是什么"好事"。词句中没有"因为……所以……"的关联,内容上想到什么说什么。在朗诵的时候该如何把全文分段分块、梳理层次,再把每一个层次串在一起、连成一线,这都需要用语言技巧来实现。因此,本文朗诵的难点并不在语调、句势、起伏、重音的把握,而是在同一种节奏的回环往复之下,如何处理好停顿与连接的关系,如何体现文章中的情节推进与思想升华。

第3、第4两段,讲了一个小小的道理。通过"新朋友"和"老朋友"的比较,说明朋友认识久了"就会转换为亲情"。表现的是作者对于"亲情般的友情"的欣慰与感动。情感同样是淡淡的,语言也不能太过浓稠。

第5段,是文章中少有的带有一些情节性的内容。讲述了一个朋友因为赶时髦烫了个头,不敢让母亲看到,却很乐意在朋友面前"秀"。这一段,可以说是全文中难得一见的"亮色彩",在处理的时候,可以表现得略微活泼一些。

第6段,是从第5段衍生出的一长段人生体会。从少年到中年,逐渐知晓了"活"的"方法",并在第7段做出了这样的感慨——"让生命顺其自然,水到渠成吧"。这些内容在朗诵时,是需要一气呵成的。语速不能太快,太快会破坏意境;但语言却要有一种流畅感。一件小事,仿佛是一把小凿子,在内心凿出了一个小小的"洞"。随即,灵感便犹如泉水一般汪汪地流泻。而随着语言的流动,情绪也在不经意间渐强渐浓,这才会有最后发自内心的慨叹。

感慨过后,从第7段后半段到第8段,情绪回落,重新归于对环境和气氛的描写,依然是淡淡的、随性的、舒服的感觉。直到最后,说出了之所以能够那么淡然处之的原因——时光的积累让每个人都明白了"惜相聚"远比"伤别离"更有意义。

在朗诵本文最后一段的时候,需要将这最后一个人生的感悟浓墨重彩地表达出来,因为这也是本文贯穿始终的核心——从第一段"朋友即将远行"到"家中小聚",相聚与离别的线索已经根植于文章的字里行间。因此最后对相聚与别离的感触,必定是作者撰文的重点。但这种"浓墨重彩"绝不能浮于语言的表面,而更多地从内心去理解作者的思考与情怀。

之前曾经说过,通过时间积累才能获得的经验是最难用年轻人的情感去替代的,因此这篇文章对于年轻的朗诵者而言,最困难的便是对作者情感的揣摩与理解。特别对平时语调过高、音色过亮的女生,或是习惯于朗诵外放型作品的男生,这篇朗诵极富挑战性。

秋天的怀念

史铁生

双腿瘫痪后,我的脾气变得暴怒无常。望着望着天上北归的雁阵,我会突然把面前的玻璃砸碎;听着听着李谷一甜美的歌声,我会猛地把手边的东西摔向四周的墙壁。母亲就悄悄地躲出去,在我看不见的地方偷偷地听着我的动静。当一切恢复沉寂,她又悄悄地进来,眼边红红的,看着我。"听说北海的花儿都开了,我推着你去走走。"她总是这么说。母亲喜欢花,可自从我的腿瘫痪后,她侍弄的那些花都死了。"不,我不去!"我狠命地捶打这两条可恨的腿,喊着:"我活着有什么劲!"母亲扑过来抓住我的手,忍住哭声说:"咱娘儿俩在一块儿,好好儿活,好好儿活……"可我却一直都不知道,她的病已经到了那步田地。后来妹妹告诉我,她常常肝疼得整宿整宿翻来覆去地睡不了觉。

那天我又独自坐在屋里,看着窗外的树叶"唰唰啦啦"地飘落。母亲进来了,挡在窗前:"北海的菊花开了,我推着你去看看吧。"她憔悴的脸上现出央求般的神色。"什么时候?""你要是愿意,就明天?"她说。我的回答已经让她喜出望外了。"好吧,就明天。"我说。她高兴得一会坐下,一会站起:"那就赶紧准备准备。""哎呀,烦不烦?几步路,有什么好准备的!"她也笑了,坐在我身边,絮絮叨叨地说着:"看完菊花,咱们就去'仿膳',你小时候最爱吃那儿的豌豆黄儿。还记得那回我带你去北海吗?你偏说那杨树花是毛毛虫,跑着,一脚踩扁一个……"她忽然不说了。对于"跑"和"踩"一类的字眼儿。她比我还敏感。她又悄悄地出去了。

她出去了。就再也没回来。

邻居们把她抬上车时,她还在大口大口地吐着鲜血。我没想到她已经病成那样。看着三轮车远去,也绝没有想到那竟是永远的诀别。

邻居的小伙子背着我去看她的时候,她正艰难地呼吸着,像她那一生艰难的生活。别人告诉我,她昏迷前的最后一句话是:"我那个有病的儿子和我那个还未成年的女儿……"

又是秋天,妹妹推我去北海看了菊花。黄色的花淡雅、白色的花高洁、紫红色的花热烈而深沉,泼泼洒洒,秋风中正开得烂漫。我懂得母亲没有说完的话。妹妹也懂。我俩在一块儿,要好好儿活……

《秋天的怀念》是当代作家史铁生的代表作。史铁生被称为中国当代最值得尊敬的作家,是因为他的一生都在与病魔斗争,20岁出头双腿残疾,后来又得了肾病并发展到尿毒症,按他的话说是"本职是生病,业余在写作"。正因为此,在他的作品中始终有着一股常人所没有的对生命的尊重与坚持。

本篇散文作为史铁生人生命运最真实的写照,讲述了在他人生最低落的那段时间里,患病的母亲如何瞒着自己的病情,倾尽全力地照顾自己,为自己重新点亮"生"的希望,是一篇极其感人的文章。因此,本文的主基调便是那份对待生命的坚强——一种深邃、厚重、博大的温暖。

开篇,作者借两件小事讲述了自己双腿瘫痪后的"喜怒无常"。为了表现出这种情绪,朗诵者要充分借用语言的变化,"看着……""听着……"用低沉而无力的声音着力描绘作者绝望、麻木;"我会……"则突然加强音量,表现出作者无理取闹、歇斯底里的状态。

转而,写到了母亲。关于母亲的描写,一定要用深沉而温柔的口吻;特别是说到"母亲喜欢花……"这一小段时,还要表现出作者内心的丝丝歉疚之情。而在处理母亲的对话时,虽要微微带一些疲乏和哀伤,但千万不要装得过于衰老(此时母亲正值中年),气力可以小一些,音色不用太亮(特别是男性朗诵的时候千万不要把声音装得过于女性化),而是要用温暖、深沉的音色着力表现母亲的隐忍与坚强。

而作者的表现依然是那样的歇斯底里,无论是语言的狂躁还是拍打双腿的自虐,都要用一种放肆的表述方式来处理。继而母亲的反应也会变得十分焦急,仿佛是之前小心翼翼的隐忍后的一次小小的爆发,"咱娘儿俩在一块儿,好好儿活"是文章中心主题的第一次出现,可以用一种接近于哀求与哭诉的口吻来表达。

第一段高潮过后,情绪逐渐回归沉静。这段的最后一句"可我却一直都不知道……"重新回到低音区,"那步田地""整宿整宿""翻来覆去"这些词一定要着重处理,重点表现作者现今后悔愧疚的心情。

第二段,一开始依然是作者发呆的表情,树叶"唰唰啦啦"仿佛就像是生命凋零的过程,而这也正是母亲要"挡在窗前"的原因。这个逻辑关系在文中很不显眼,但在表达中需要有所体现。然后第二次提到"看花",朗诵者要在母亲的语言中增加一些哀伤与央求的色彩。我的回答不再是那么激烈,"什么时候"四个字要说得冷淡而麻木。"烦不烦……"那句,在烦躁的同时更有些许任性与不懂事。而母亲的反应则是喜出望外的,"絮絮叨叨"的言语中,音色逐渐变得明亮,情绪中喜悦的色彩增加,同时节奏也变得更加欢快。

而正是这种"喜出望外"造成了随后的"言多必失"。当说到"一脚踩扁一个……"的时候,语言色彩马上就发生了变化,这个省略号的处理是一个难点,如何在表现"急刹车"的同时还有一种"闯祸了"的味道,需要细细斟酌。

然后母亲就出去了。在母亲的语言结束之后,作者的旁白依然要回到主基调上来,可以采取"下行"语势,情绪逐渐回落至本段结束。

"她出去了。就再也没回来。"有些朋友在处理这句话时,选择用"哭喊"的方式,但这未必是最好的选择。在此建议说完前半句后,做一个长时间停顿,充分酝酿感情后用极慢、极深沉的方式,带一些哭腔地念出后半句,把作者的"痛心"表现得更加深邃。

承接下一段,这是本篇文章中情绪最外放的部分,前两句话建议用快速度、强音量来表现,有一种哭喊的感觉;第三句把速度降下来,每一个字的力度加重,再一次将悲伤放回心底。巨大的悲伤从起初的快速集聚到猛烈爆发,哭声响彻天地,最后转为心力交瘁的呜咽——整个过程,相信凡是有过失去亲人那种切肤之痛的朋友是完全能够体会的。

第五段,情绪再一次回归主基调,但多了许多内心的悲伤。这里母亲的最后一句话,不建议用"颤音""虚声"之类的技巧处理,也不用过多模仿中年女性的音色,在这里,内容才是第一位的。

最后一段,色彩明显要比前文明亮了一些。但"淡雅""高洁""热烈而深沉"这些对菊花颜色的感受,依然延承着温暖醇厚的情感风格,而并没有出现靓丽、轻佻的色彩。因此,更多的还是要表现语言中的温暖和力度,在点题之处赐予人"活"的力量与勇气。

第三节 故　　事

一、故事的特点

（一）典型的人物形象

故事能运用丰富的手法来塑造各色人物形象，同时具体展现出人物复杂的内心。小说的最高任务也是要塑造出典型的人物形象，所以在表达的过程中要时刻注意和人物有关的任何描写，比如人物的独白、单白、对白、肖像、心理、行为、所处环境，等等。

（二）完整的故事情节

一般此类文章都有生动完整的故事情节，一旦展开，线索丰富、人物众多、情节跌宕起伏，所有的人物之间的关系、人物和环境之间的关系复杂而微妙，立体的展开表述是我们在有声语言表达上的最高任务。

（三）精细的环境描写

有些小说或童话中有大量精细的环境描写，能够具体地展现作品中人物的活动环境，这些环境起着十分重要的作用，在有声语言的表达上要特别注意两点：一是要抓住环境的形象性，通过视像感、声音弹性的变化来表现环境的丰富；二是要抓住环境背后的主观色彩——在某种意义上说，精细的环境描写其实就是要为塑造人物服务。在表达上，我们更是要让这种环境和人物的关系清晰地呈现给听者。

特别是一些长篇小说，大段的时代背景的介绍、自然环境的描写更是一幅历史的长卷，要择其精要，层次明晰地表达出来。

（四）丰富的表达技巧

众多人物的造型、叙述语言和人物语言的跳入跳出等，都需要表达者有清晰的思路和丰富的技巧。特别是在人物的塑造上，声音弹性的变化，语气的模仿，一定要到位，否则很难理清人物关系。在自然环境的描写上也是如此，视像的高低、远近、虚实都要通过丰富的语言技巧表达出来。

故事朗诵一定要理清结构、明确人物关系、细致的理解和设想规定情境，同时兼顾时代、地域特点。长篇小说演播的创作过程相对较长，在明确了以上的任务之后,就要对每一个章节和场景做细致的规划。

首先要塑造形象,深入地分析每一个人物,尤其是主要人物的身份特征、人物语言、动作、心理活动,以及能够反映人物的社会环境和自然环境。

其次是要把握好表现的方式,故事的表现方式主要有表演式和演播式两种,这主要取决于表现的媒介。在训练的过程中主要以表演式为主。

在这里,还需要注意一下寓言和童话的表达,其实它们可以看作是特殊形式的故事。寓言和童话的表达因为受众对象主要是小孩子,所以要在表达时,加强生动性和适当的夸张度。

二、训练材料分析

1. 寓言故事

猴 吃 西 瓜

猴王找到个大西瓜,可是怎么吃呢?这个猴王可从来没有吃过西瓜。

忽然他想出一条妙计,于是就把所有的猴子都召集起来,对大家说:"今天我找到一个大西瓜,这个西瓜的吃法嘛,我是全知道的,不过我要考验一下你们的智慧,看你们谁能说出西瓜的吃法,要是说对了,我可以多赏他一份儿;要是说错了,我可要惩罚他。"

小毛猴一听,搔了搔腮说:"我知道,吃西瓜是吃瓤的。"

猴王刚想同意,"不对,我不同意小毛猴的意见!"一个短尾巴猴说,"我清清楚楚记得我和我爸爸到姑妈家去的时候,吃过甜瓜,吃甜瓜是吃皮的,我想西瓜是瓜,甜瓜也是瓜,当然该吃皮啦!"

大家一听,有道理。可是到底是谁对呢?于是大家不由得把眼光集中到一只老猴身上,老猴一看,觉得出头露面的机会来了,就清了清嗓子说道:"吃西瓜嘛,当然……是吃皮啦。我从小就吃西瓜,而且一直吃皮,我想我之所以老而不死,也正是吃了西瓜皮的缘故!"

有些猴子早就等急了,一听老猴子也这么说,就跟着嚷起来:"对,吃西瓜吃皮!""吃西瓜吃皮!"

猴王一看,认为自己已经找到了正确的答案,就向前跨了一步,说:"对!大家说得很对,吃西瓜是吃皮!哼,就是小毛猴崽子是吃瓤,那就让他一个人吃去,咱们大家都吃西瓜皮!"

于是西瓜一刀两断,小毛猴吃瓤,大伙儿共分西瓜皮。

有个猴子吃了两口,就捅了捅旁边的猴子说:"哎,我说这可不是滋味呀!"

"咳——老弟,我常吃西瓜,西瓜嘛,就这味儿……"

《猴吃西瓜》是一篇十分经典的寓言故事,同时也几乎是每一个少儿语言培训班教学的必备材料。总体来说,寓言故事的朗诵要比诗歌、散文、杂文等容易得多,因为文章并不反映作者的态度和思想感情,因此在备稿时可以跳过对作品创作背景的挖掘,直接从故事内容着手即可。

另外,几乎所有童话类的寓言故事,整体基调都是差不多的,语言的色彩都是清晰明亮的。具体体现在旁白的处理——中音、实声、中慢速,轻松活泼,亲切可爱,大方得体。这和幼儿园老师给小朋友讲故事的状态是基本一致的。

而此类寓言故事最主要的难点,在于对角色的把握。多数寓言故事(特别是针对少年儿童的寓言故事)中角色都是拟人化的动物或物品,因此在表现它们的言行举止时,必须要注意以下几点:其一,角色语言要与角色的视觉形象、个性特点相贴近;其二,不同角色间的语言要有明显的反差和区别;其三,角色语言的音色处理和语气表达要具备夸张性。

回到这篇作品,文章里总共有4个主要角色,2个"龙套"角色,虽然都是猴子,但是年龄不同、身份不同、性格不同,必然是千"猴"千面。先来看看这些猴子的语言该如何处理。

猴王,是具备权威性,但外强中干是不懂装懂的成年猴子。因此它的话既要有威严,又要时不时流露出一些露怯的感觉,通过这两者间的冲突形成角色的喜剧色彩。用声时,倾向于使用略带粗哑的厚声,吐字时字幅拉开有点"官腔",听着趾高气昂的样子。

小毛猴和短尾巴猴,是两只小猴子,语言的音色显然要稚嫩许多,同时吐字时可以缩小字幅的长度,增加语言的弹跳性,表现出蹦蹦跳跳的感觉。因为小毛猴先说,短尾巴猴后说,后者的语言中还要多一些争辩、反驳时的不服气,而且"西瓜也是瓜,甜瓜也是瓜",这种听上去好像有那么点道理的味道也要体现出来。

老猴是一只年纪很大的猴子,因此语言中的衰老必须要体现出来。老年人的声音在这里甚至可以夸大表现。年纪大了体力必然不足,平常可能在猴群里也不怎么受待见,可骨子里却还有一点"出风头"的劲儿,难得有机会露脸,说话自然要"端着"点儿——原本年纪大说话就慢,再慢的基础上还得加些摇头晃脑、故作姿态、倚老卖老的味道。

另外两只最后出现的"龙套"猴子,可以理解为成年猴子,都属于是自己没什么态度,在人群后面"跟风"的类型。前一只还算有点质疑精神,却只敢在人群里嘀咕;后一只则是不懂装懂的典型。这两只猴子的对话可以用中音区正常音色表现,前者加一些犹豫的色彩,后者则要更加装腔作势。两只猴子一问一答,揭出其中的滑稽可笑。

把握了旁白和各个角色的表达方法后,再来理解这样的寓言,朗诵起来便没什么困难了。寓言中的道理都是通过比喻、拟人、类比、夸大等艺术形式来表现的,所以语言表达夸张一些,反而能得到不错的效果。当然,夸张不等同于挤眉弄眼、阴阳怪气,特别在旁白的处理上,同样需要在讲述感、亲切感和语言的生动流畅上多下功夫。

狗 的 友 谊

波耳卡和巴尔鲍斯在厨房的窗口下晒太阳。虽说他们在院门口看家,比较来得合适,可是他们已经吃得饱饱的,而且这两只狗都是彬彬有礼,白天对谁也不乱叫,这样,他俩就纵情谈起各种事情来了:谈到狗的职务,坏事情,好事情都谈,最后谈起友谊来了。

"还有什么更快乐的呢?"波耳卡说,"除了跟朋友真心诚意地一起生活:什么事都能互相合作,同喝同吃,全力保卫咱同类,最后,互相了解地看看,抓紧幸福的一刻安慰朋友和让朋友愉快,把整个自己的幸福放在朋友的幸福上!如果我们能够建立这样的友谊,我敢大胆说一句,我们就不会觉得时间的过去了。"

"当真吗?这倒挺有意思!波耳卡努什卡,我早就很痛心,你我虽然同住一个院子,我们简直没有一天不打架;这究竟是为了什么呢?感谢我们的主人:我们从来不饿肚子,住得又好又舒服!而且,说来真惭愧,狗的友谊自古就传为美谈,然而狗与狗之间的友谊,真好像人与人之间的友谊,几乎从来没有看到过。在这年代,我们来做现代友谊的模范吧!"接着两个朋友就拥抱和接吻起来,高兴得不知道把对方比做谁好,"我的奥烈斯特!"——"我的波拉得!"争吵、忌妒、恶意都给滚开吧!

不幸,这时候厨子从厨房丢出来一根骨头。于是两个朋友争先向它飞奔过去,友谊与和睦都到哪儿去了?奥烈斯特和波拉得对咬起来,只见一蓬蓬的狗毛在飞扬,最后好容易用了水才把它们冲开了。

世上到处都充满这样的友谊,叫起来,大家好像一条心——然而只消丢给它们一根骨头,他们就会像狗儿一样!

并不是所有的寓言故事都是针对儿童的。就像这篇《狗的友谊》就属于典型的针对成年人的寓言故事。文章的作者是俄罗斯18至19世纪著名的作家、寓言家克雷洛夫。他的寓言作品多为揭露当时社会中的尖锐问题,如沙皇的专制统治、劳动人民的悲惨生活,人性的阴暗与丑陋等,作品的思想性并不输于散文或杂文。因此在朗诵时,对寓言中心思想的准确把握成为了最关键的第一步。

以本文为例，它通过对这两只狗虚假友谊的描写，讽刺那些表面上同心同德，可一旦触及彼此的利益，转眼就翻脸不认人的虚伪的友谊。在把握了这个中心思想后，就会明白该如何去刻画这两只狗的形象了。

从音色上来讲，由于文章里并没有介绍两只狗是大狗还是小狗，是公狗还是母狗，因此无法借助对狗的外在形象来塑造声音形象。但通过文中对狗的描述，倒可以想象这样两个形象——本该在门口看门儿，却因为吃得饱饱的，于是在晒太阳，而且平常对谁都不叫……

这里，不妨直接借用文中暗喻的那些人的形象来表现这两只狗的语言形象吧！一个肥头大耳、满头油光、好吃懒做；另一个身材短小、獐头鼠目、胆小怕事，明明正值壮年却毫无事业心、责任心，天天在机构里混日子。于是乎，那只胖狗的声音可以是肥厚而暗哑的，说话拖沓而做作；那只瘦狗的声音可以是粗糙而尖锐的，说话装腔作势……当然，每个人都会对这两只狗有不同的想象，只要确保声音形象具备反面性与讽刺性，同时两只狗有所区分，都是成立的。

解决了角色的语言，再来看看旁白。这里的旁白，显然不能像儿童语言那样亲切、活泼，是要表现出更多发人深思的意味。

先看第一段，从它们原本应该在看门儿却"玩忽职守"晒太阳聊天开始，旁白就要表现出若隐若现的讽刺色彩。在这个基础上，第二段再进入两者间虚假、做作的对话，整体的情绪便能自然而然、水到渠成地衔接上了。

第二段旁白，也就是全文的第四段，情节风云突变，两只狗瞬间从朋友变成了敌人。此时旁白中隐约的讽刺变成了直接的批判，语言力度加强的同时，作者的态度也表现得更为鲜明。

而文章的最后一段，可以稍稍跳出原有的基调——因为最后一段的道理，是说给所有的听众听的。在以听众为对象时，要多一些语重心长。但说到这两条狗一样的人时，则同样不能丢掉讽刺和批判的精神。

知 音 的 人

从前有一个弹琴的人，自认为是天下少有的名手，可是旁人听了不但不称赞，反而都觉得十分讨厌，真把他气坏了，他决定离家外出，他想："这儿都是些俗人，他们怎么听得懂我美妙的琴声呢？我一定要周游各地，寻访知音的人。"然而走了许多地方，从没有一个人称赞过他一句。

一次，他在一家旅馆过夜，半夜三更，他又弹起琴来了，正当他弹得起劲的时候，忽然听见不远传来一阵女子凄惨的哭声。他连忙把琴停下来想仔细听时，哭声也跟着停止了。等他再弹时，哭声又起，一连几晚都是如此。这时他又奇怪而高兴起来,他想,这一次可真遇到知音了。

　　他把旅馆的伙计找来,问那哭的女子是什么样的人,伙计告诉他说是个寡妇,丈夫刚死去不久。他听了更觉高兴,心想:从前司马相如不是因弹琴而打动了卓文君吗?他连忙叫伙计把那妇人找了来。

　　他问道:"你为什么每晚都要哭呢?是不是因听了我琴声的缘故?"

　　"是的",她答道。

　　"为什么呢?"他高兴起来了。

　　"因为一听见你的琴声就想起我死去的丈夫。"她很伤心地说。

　　"你丈夫也很会弹琴吗?"他又问。

　　"他不会。"

　　"那他是干什么的呢?"他感到很奇怪。

　　"他是弹棉花的。"

　　这是一篇以人物为角色创作的寓言故事。既然故事以人物而不是动物、器物为角色,那么自然就会多几份真实感,夸张的色彩会少一些。

　　先从旁白说起。此类语言的旁白讲述有点像是茶馆里"说书人"的口吻——各位客官,今儿个我给您讲个故事,说的是啊"从前有一个弹琴的人……"用这样一种口气,故事自然而然地便展开了。既然像"说书"一样,那自然语言中的起伏感和韵律感会非常分明,吐字归音的完整性也要比前两篇强很多,对于重音的处理、语势的处理都要更加圆润、分明。特别这一篇故事说的应该是古时候的事儿,就更应该加上点朗诵古文时候的味道。

　　至于对话部分,由于角色是人类,对话和旁白两者间音色的反差显然不会那么大,如果是男性朗诵者,那么处理旁白的音色和处理弹琴男子语言的音色应是比较相近的;如果是女性朗诵者,则应是相反,和处理那个寡妇语言的音色比较接近——因为都是较为本色的声音。

　　那既然音色相近,如何表现旁白和对话的区别呢?主要就要靠语气了。

　　弹琴男子明明弹得无比难听,却一直认为是别人的问题,显然这是一个极端自命不凡的蠢材。这样的人总是认为自己高人一等,因此在语言表达时,要表现出他的那种自以为是的"高姿态",每一句话都要把自己"端"起来,摆足了架子再说——从"视像感"上来说,要有一种仰着头说话的感觉。

　　至于那个寡妇,她的语言中主要要表现两种状态。一种是想念丈夫时的忧伤,这主要表现在寡妇最长的那句回答——"因为一听见你的琴声就想起我死去的丈夫",为了故事的喜剧效果,甚至还要悲伤得有些做作;另一种则是表现冷幽默所必需的干脆,特别是"他不会""他是弹棉花的"这两句,在弹琴男子误以为寻得了知音而万分激动之时,寡妇的回答一定要语速快、语调平、无感情,以使这两人的对话无论从语义上还是从情感上都形成鲜明的反差。而故事的"笑"果,以及藏在笑料中的生活道理,同样也正是在这样的反差中形成的。

2. 生活故事

军 礼

天下着鹅毛大雪。一支红军队伍在零下三十多度的酷寒中艰难地行进着。

突然,队伍中有人喊起来:"有人冻死啦!"军长一震,急步向前跑去。松树下,一位战士倚着树干,坐在雪窝里,一动也不动。他的右手夹着半截子用树叶卷成的烟,小心地放在胸前,仿佛在最寒冷的时刻还在渴望一支烟的温暖。他右手握着一个小纸包,脸上还挂着一丝早已冷却的笑容。军长用颤抖的手打开了那个纸包,一只红辣椒跳进了军长的眼帘。他轻轻拂去战士肩上的积雪,猛然发现他身上竟然穿得那样单薄,单薄得像一张纸。"棉衣,棉衣呢?为什么没发给他棉衣?"军长两眼发红:"军需处长呢?"警卫员在发愣。"给我找军需处长。"还是没有人应声。"快,给我找军需处长!"警卫员"哇"的一声哭了出来:"报告军长,他就是刚任命的军需处长。棉衣不够了……每人发的御寒辣椒也都没舍得吃一口……"

军长愣住了,他望着雕像般的军需处长,眼泪成串成串地流了下来。他高高地举起那只鲜红的辣椒,在铅灰色的天穹下,在迷漫的雪雾中,辣椒就像一把燃烧的火炬,照耀着前程。在这火炬下,一支又一支右手缓缓举起。军礼是那样庄重,整个队伍发出一片抽泣声,像一曲悲壮的哀乐,回荡在雪地上空。

人们不知道这位军需处长的名字。可是,永远也忘不了他留给我们的那只鲜红的辣椒。

《军礼》是一篇非常经典的朗诵作品。这篇文章篇幅短小、内容完整、情境感强、矛盾冲突鲜明,主题十分符合"主旋律",在朗诵时声音起伏分明、语言表现力强、情感真挚朴实,这也使得它成为众多艺术院校表演专业、播音主持专业的必学篇目,众多"艺考生"也纷纷将这篇文章作为自备朗诵稿件。因此,这篇作品在艺术语言学习领域非常有名。

开篇第一句就营造了一个"雪山行军"的艰难景象,为作品奠定了一个深沉、凝重的基调。

定下基调之后,还要对故事中两个角色进行分析,以明确对话中音色、语气的处理方式。首先军长,应该是一个干练、果决、有能力、有威严、正义感强、责任感强的军人,年龄并不会太大。警卫员会被军长吓得大哭,应当是一个刚刚参军不久、十几岁的毛头小子。

明确人物语言风格后,可以逐一分析作品的朗诵技巧。"突然,队伍中有人喊起来"——联系后文,喊声距离军长有一段距离,因此是由远及近地"飘"过来的,所以在喊的时候不能扯着嗓子,而是要运用一些气声"收着"喊,表现出声音出现在远方的感觉。而军长的反应是急迫的,需要加快语速体现紧张感。

接下来三句话描写冻死的战士。作者的文笔写得很细,需要借助"视像感"将这一场景还原出来,而且每一镜头都是特写,都需要表现得特别细致。语言则要表现出深沉感与温暖感。

然后是军长的两个动作——打开纸包、拍积雪。每个动作后面都跟着一个反映。先是看到"红辣椒",这里的"红辣椒"是文章里的第一个亮色彩,要尽力让它"跳进"听众的耳朵;然后发现战士没有棉衣,这里的"猛然""那样单薄""一张纸"都是需要强调的重点。

紧接着,军长的四句话,是本篇中的一个难点,同样也是朗诵中的一个亮点。这四句话要念出不同的色彩。第一句,是军长的自言自语,他很纳闷,那么冷的天,为什么这位战士没有穿棉衣呢?难道是军需处办事怠慢了吗?第二句,此时的军长虽然气愤,但表现出了一个领袖的风范,他轻声、但很坚决地叫部下把军需处长找来,他要好好问问军需处长,为什么这个战士没有拿到棉衣。第三句,军长见警卫员没有反应,心中的怒火逐渐难以压抑,他的嗓门变大,情绪也变得急躁,因为他不能理解为什么所有人都不服从他的命令。第四句,眼见战士冻死,自己反复下命令却没人执行,军长怒火中烧、忍无可忍,他把满腔的愤怒统统发泄了出来,此时的怒吼是没有节制、没有控制的,震耳欲聋、响彻天际。

"警卫员'哇'的一声哭了出来",这个"哇"字需要着重处理,但又不能喊,可以加上大量气声来表现。接着警卫员的话,前一句是带有哭腔、大声地回答,后一句则是哭腔越来越重,发音越来越呜咽,"吃一口"三个字可以完全用哭的方式来表现。

当悬念揭晓之后,后一段的旁白变得凝重异常。同时在这种凝重中,更蕴含着无比的温暖与力量。在这里,"红辣椒"再次出现,从"辣椒""火炬",到后面的"军礼""哀乐",悲痛中蕴含着希望。朗诵的语言必须是缓慢而凝重、深沉而感人、坚定而有力的。

最后一句,先长长地做一个停顿,把状态调整回最初的基调,放慢语速,然后语势由低处向高处缓缓上行,在"永远""鲜红""辣椒"处加重音,突出表现文章的主题。

青 衣

自古到今,唱青衣的人成百上千,但真正领悟了青衣意韵的极少。

筱燕秋是个天生的青衣胚子。二十年前,京剧《奔月》的演出,让人们认识了一个真正的嫦娥。可造化弄人,此后她沉寂了二十年,在远离舞台的戏校里教书。学生春来的出现让筱燕秋重新看到了当年的自己。二十年后,《奔月》复排,这对师生成了嫦娥的AB角。把命都给了嫦娥的筱燕秋一口气演了四场,她不让给春来,谁劝都没用。可第五场,她来晚了。筱燕秋冲进化妆间的时候,春来已经上好了妆。她们对视了一眼,都没有开口。筱燕秋一把抓住化妆师,她想大声告诉化妆师,她想告诉每一个人,"我才是嫦娥,只有我才是嫦娥",但是她没有说,她现在只会抖动嘴唇,不会说话。

上了妆的春来真是比天仙还要美,她才是嫦娥,这个世上没有嫦娥,化妆师给谁上妆,谁就是嫦娥。大幕拉开,锣鼓响起来了,筱燕秋目送着春来走向了上场门。筱燕秋知道,她的嫦娥在她四十岁的那个雪夜,真的死了。

观众承认了春来,掌声和喝彩声就是最好的证明。

筱燕秋无声地坐在化妆台前,她望着自己,目光像秋夜的月光,汪汪地散了一地。她一点都不知道自己做了些什么,她拿起青衣给自己披上,取过肉色底彩,挤在左手的掌心,均匀地一点一点往手上抹,往脖子上抹,往脸上抹……她请化妆师给她调眉,包头,上齐眉穗,戴头套,镇定自若地,出奇地安静。

筱燕秋并没有说什么,只是拉开了门,往门外走去。筱燕秋穿着一身薄薄的戏装走进了风雪,她来到了剧场的大门口,站在了路灯下面,她看了大雪中的马路一眼,自己给自己数起了板眼。她开始了唱,她唱的依旧是二黄慢板转原板、转流水、转高腔。

雪花在飞舞,戏场门口,人越来越多,车越来越挤,但没有一点声音。筱燕秋旁若无人,边舞边唱。她要给天唱,给地唱,给她心中的观众唱。筱燕秋的告别演出轰轰烈烈地结束了。人的一生其实就是不断地失去自己挚爱的过程,而且是永远的失去,这是每个人必经的巨大伤痛,而我们从筱燕秋的微笑中看到了她的释怀,看到了她的执著和期盼。

生活中充满了失望和希望,失望在先,希望在后,有希望就不是悲!

《青衣》是一篇十分热门的朗诵作品,改编自毕飞宇的同名短篇小说。

朗诵作品《青衣》保留了小说《青衣》中主要人物角色和剧情,短短800余字便将主角筱燕秋一生中最为跌宕起伏的二十余年从艺历程展现了出来,在塑造人物角色的时代感、命运感方面颇有独到之功。作品虽然篇幅很小,但在细节的描写方面却非常细致,人物的每一个动作、每一个表情都可谓"精雕细琢",将人物描绘得栩栩如生。

当然,读过小说原著的人再回过头来看这篇朗诵作品,一定会发现两者之间对于人物的塑造是有差别的。朗诵作品通过艺术化手段向听众描摹了一个将戏剧艺术视作生命,充满悲剧性命运色彩,为"嫦娥"而生、为"嫦娥"而死的现实中的"仙女"大青衣;而小说则用一种更加写实的手法刻画了一个更为狂妄、世俗,甚至有一些内心扭曲的,为了表演"嫦娥"这个角色几近癫狂、崩溃的可悲、可叹的"戏痴"筱燕秋。

尽管改编后作品中对角色的评判和原著中稍有不同,但在朗诵时依然需要尊重朗诵作品中的人物形象。在朗诵作品中,痴迷于"青衣"表演的筱燕秋将戏中所饰演的"嫦娥"这个角色投射到自己的人生之中。最终,当她在岁月的蹉跎和命运的戏弄下不得不离开舞台的时候,她用一种极其戏剧化且悲剧化的方式为自己的艺术生命画下了句号。

因此,在诠释这个角色时,一是要把握筱燕秋对于"嫦娥"的"痴",二是要把握筱燕秋身上作为"青衣"的"悲"。

首末两段,是全篇中的"魂",需要念出意境、念出意蕴。头一句,是对青衣这一戏曲行当的说明,也是对筱燕秋这个"天生的青衣胚子"存在价值的一种认可。开好这个头,对后面故事的讲述有很大的作用。最后一段则是对整个故事的总括,让人在最后能够若有所感、若有所思。

第二段,短短四句话,横跨筱燕秋整整二十年的艺术生涯,同时也为下文中她无比执著于"嫦娥"这个角色作了一个铺垫。朗诵时既需要保证陈述过程中的理性客观,又要表现出二十年"弹指一挥间"的历史沧桑,对人物命运的变化转折,也要交代清楚。

第三段前四句,同样是语句高度精练的曲折情节,从上一段的"教书"到这一段的"复排",从原本的"AB角"到"不让给春来"再到"来晚了",接连的变化表现出筱燕秋对艺术表演的痴狂,以及她所遭受的命运的无情戏弄。在朗诵时,要表现出这种"风云突变"的剧情变化对人物所造成的巨大影响。

这一段的后两句,作品从宏观描写逐渐转入细节描写,筱燕秋"冲进化妆间"后内心情绪、外在动作的激动和她"只会抖动着嘴唇"的无言,正是一对鲜明的对立体,需要通过语速的快慢变化和情绪的强弱变化予以表现。

第四段,作者通过对春来上场时的"光鲜"反衬出筱燕秋的"失落",进而宣告筱燕秋艺术生命的终结。在这里我们需要去思考,为什么春来上台之后筱燕秋就知道"她的嫦娥""真的死了"呢?仅看这篇朗诵作品,或许我们无法找到完整的理由,但春来的年轻、优秀显然是原因之一。另一个原因——筱燕秋对于"嫦娥"这个角色的精神洁癖，同样可以从她"不让给春来"的行动和"我才是嫦娥"的呼喊声中感受到。

接下来的两段，是整篇作品中最重要的部分。段落中大量的细节描写折射出筱燕秋在艺术生涯终结那一刻的失魂落魄。正是在这样一种非正常状况下，她才会选择在风雪交加的马路上用"唱"的方式来祭奠自己心中的"嫦娥"。全篇的悲剧色彩正是在这两段中逐渐变得浓郁、强烈。

从"拿起……取过……挤在……"到"往手上抹，往脖子上抹，往脸上抹"，接着"调眉，包头，上齐眉穗，戴头套"，再到"二黄慢板转原板、转流水、转高腔"，一系列短促的动作描写将故事中的悲情色彩一步步往上推，越描越浓、愈演愈烈，直到"给天唱，给地唱，给她心中的观众唱"时达到巅峰。这里，我们看到的是无数细碎的短句乃至词语，但在朗诵时，必须要把这些短句念成首尾相接的长句，语调逐渐上升、语速逐渐加快、力量不断增加，将文中的情感逐渐推向高潮。

第七段是文章从"叙"到"议"的转变，同样也是从"感性"到"理性"的转移。在这段中，通过直白、深沉的讲述，能够让听众从故事的悲剧色彩中渐渐走出来，看到悲伤背后的光明与希望。一种更为坦然的语气替代了原有的苦情与悲情，带有坚韧力量的正能量色彩逐渐在语言中出现，并最终转入最后一段对生命中"失望"和"希望"的辩证思考，给人以相信未来、相信希望的力量和勇气。

第八章
作品分析与练习

第一节 诗 歌

江城子·密州出猎
苏 轼

老夫聊发少年狂,左牵黄,右擎苍。锦帽貂裘,千骑卷平冈。为报倾城随太守,亲射虎,看孙郎。 酒酣胸胆尚开张,鬓微霜,又何妨?持节云中,何日遣冯唐?会挽雕弓如满月,西北望,射天狼。

这是宋代文学家苏轼在出任密州知州的时候写下的一首词,相比《水调歌头》,这首词情绪更加张扬外放,更具"豪放派"的特色。

苏轼出任密州知州,其背景是四年前他与王安石政见不同,主动要求下放地方。当时诗人刚刚完成在杭州的履职,主动前往穷乡僻壤的密州,正是希望能在那里实现一番作为。而这首词正是借出外打猎的机会,表达自己强国抗敌的报国之志。

因而在朗诵的时候,语言的表面要有一股"狂"的劲头儿,而内在的情绪则要透出一股不惧强敌的壮志豪情。把握住了内外的基础和依据,便能表现出作者在词中所要表现出的崇高的政治抱负。

卜算子·咏梅
毛泽东

风雨送春归,飞雪迎春到。已是悬崖百丈冰,犹有花枝俏。 俏也不争春,只把春来报。待到山花烂漫时,她在丛中笑。

自古以来,咏梅的诗歌数不胜数,但是能将梅花描绘得如此恢宏大气的,恐怕也只有毛泽东一人。这显然是由这位新中国的开国领袖个人独一无二的气魄所成就的。

这首词写于1963年,"三年自然灾害"加上国外反华势力的紧逼,新中国面临着巨大的考验。而正在此时,毛泽东借梅花勉励共产党人要有斗霜傲雪、一枝独秀的高洁品德,以梅言志,以梅励己。

为了表现这种气魄与志向,在朗诵时既需要表现出磅礴大气,又要保有一种从容自信的感觉,声音在沉稳的基础上适度外放,展现出"四两拨千斤"的气势与力度。

兵车行
杜甫

车辚辚,马萧萧,行人弓箭各在腰。
耶娘妻子走相送,尘埃不见咸阳桥。
牵衣顿足拦道哭,哭声直上干云霄。
道旁过者问行人,行人但云点行频。
或从十五北防河,便至四十西营田。
去时里正与裹头,归来头白还戍边。
边庭流血成海水,武皇开边意未已。
君不闻汉家山东二百州,千村万落生荆杞。
纵有健妇把锄犁,禾生陇亩无东西。
况复秦兵耐苦战,被驱不异犬与鸡。
长者虽有问,役夫敢申恨?
且如今年冬,未休关西卒。
县官急索租,租税从何出?
信知生男恶,反是生女好。
生女犹得嫁比邻,生男埋没随百草。
君不见青海头,古来白骨无人收。
新鬼烦冤旧鬼哭,天阴雨湿声啾啾。

这又是一首杜甫的叙事诗,诗名最后一个字"行"告诉读者这是一首歌行体的乐府诗,因此在诗歌的结构上,还是比较自由的。这也给朗诵时创造了较大的表现空间。

这首诗主要表现的是对战争的痛恨,作者花了大量的笔墨去书写征兵给百姓带来的巨大伤痛。此在朗诵过程中,需要将这种"惨"准确地表现出来。先写壮丁被抓,亲人生离死别的惨剧,再写良田荒芜、村落荒败的惨象,最后发表个人的感慨,向世人揭露帝王穷兵黩武给整个国家带来的巨大伤害。这一系列的"惨",以及作者在亲眼目睹后的"愤",乃至于所折射出的整个国家的"败",都是要通过语言来表现的。

面朝大海春暖花开
海　子

从明天起,做一个幸福的人
喂马、劈柴,周游世界
从明天起,关心粮食和蔬菜
我有一所房子,面朝大海,春暖花开

从明天起,和每一个亲人通信
告诉他们我的幸福
那幸福的闪电告诉我的
我将告诉每一个人

给每一条河每一座山取一个温暖的名字
陌生人,我也为你祝福
愿你有一个灿烂的前程
愿你有情人终成眷属
愿你在尘世获得幸福
我只愿面朝大海,春暖花开。

　　这首诗是中国近现代著名诗人海子的代表作,表现出诗人热爱生活、热爱自然,对未来充满希望与信心的浪漫主义情怀。该诗经常被选为青少年朗诵的表演或比赛作品。

　　朗诵这首诗需要注意两个方面:一个是音色的运用;另一个是情绪的把握。在音色上,要有一种"孩子的感觉",表现出一种天真烂漫的状态。而在情绪上,要有一种充满朝气、活力的状态。借助这两点,便能表现出作者对生活的爱、对自然的爱、对世界的爱。

　　需要注意的是,在表现这种无限的梦想与期望时,一定要借助内部技巧来带动外部技巧,千万不能单纯地利用外部技巧去卖弄。一旦情感不足很容易让听众产生虚假、做作等反感情绪。

我是一个任性的孩子
顾　城

我是一个任性的孩子

——我想在大地上画满窗子，
让所有习惯黑暗的眼睛，都习惯光明。
也许
我是被妈妈宠坏的孩子
我任性
我希望
每一个时刻
都像彩色蜡笔那样美丽
我希望
能在心爱的白纸上画画
画出笨拙的自由
画下一只永远不会
流泪的眼睛
一片天空
一片属于天空的羽毛和树叶
一个淡绿的夜晚和苹果
我想画下早晨
画下露水
所能看见的微笑
画下所有最年轻的
没有痛苦的爱情
画下想象中
我的爱人
她没有见过阴云
她的眼睛是晴空的颜色
她永远看着我
永远，看着
绝不会忽然掉过头去
我想画下遥远的风景
画下清晰的地平线和水波
画下许许多多快乐的小河
画下丘陵——
长满淡淡的茸毛

我让它们挨得很近
让它们相爱
让每一个默许
每一阵静静的春天激动
都成为一朵小花的生日
我还想画下未来
我没见过她,也不可能
但知道她很美
我画下她秋天的风衣
画下那些燃烧的烛火和枫叶
画下许多因为爱她
而熄灭的心
画下婚礼
画下一个个早早醒来的节日——
上面贴着玻璃糖纸
和北方童话的插图
我是一个任性的孩子
我想涂去一切不幸
我想在大地上
画满窗子
让所有习惯黑暗的眼睛
都习惯光明
我想画下风
画下一架比一架更高大的山岭
画下东方民族的渴望
画下大海——
无边无际愉快的声音
最后,在纸角上
我还想画下自己
画下一只树熊
他坐在维多利亚深色的丛林里
坐在安安静静的树枝上
发愣

他没有家
没有一颗留在远处的心
他只有,许许多多
浆果一样的梦
和很大很大的眼睛
我在希望
在想
但不知为什么
我没有领到蜡笔
没有得到一个彩色的时刻
我只有我
我的手指和创痛
只有撕碎那一张张
心爱的白纸
让它们去寻找蝴蝶
让它们从今天消失
我是一个孩子
一个被幻想妈妈宠坏的孩子
我任性

  这是朦胧派诗人顾城所创作的一首诗歌。在这首诗歌里,诗人淋漓尽致地表现了自己所追寻的理想王国——一个纯真、纯粹、纯美的童话世界,但在现实面前,这样的梦想终究是无法实现的。由于这首诗是以一个孩子的口吻写成的,因此在青少年朗诵比赛中,经常能听到它的节选朗诵。

  与上一篇《面朝大海,春暖花开》不同的是,在这首作品中,不仅仅有孩子的天真烂漫,还带着一些伤感与无奈。题目中的"任性"一词,就已经流露出了些许这方面的情绪色彩。因此,在朗诵的过程中,需要从两方面来把握:其一是孩子般的音色与口气,其二是孩子所特有的烦恼与忧愁。特别是后者,还需要透过孩子的内心折射出光与影、梦想与现实、成人世界与儿童世界之间无法逾越的鸿沟。

感　谢
汪国真

让我怎样感谢你
当我走向你的时候

我原想收获一缕春风
你却给了我整个春天

让我怎样感谢你
当我走向你的时候
我原想捧起一簇浪花
你却给了我整个海洋

让我怎样感谢你
当我走向你的时候
我原想撷取一枚红叶
你却给了我整个枫林

让我怎样感谢你
当我走向你的时候
我原想亲吻一朵雪花
你却给了我银色的世界

  这首小诗是我国现代著名诗人汪国真的代表作。他擅长创作抒情诗,作品往往结构简单、篇幅短小,但情感真挚细腻,能够打动人心。

  这首《感谢》,可以说是汪国真创作风格的典型。全诗总共 4 段 16 句,每一段的前两句都是一样的,后两句也采取了相同的结构,四段分别借用春夏秋冬四季不同的风景的美好,借喻"你"对"我"的好,进而表现出"我"对"你"的感谢之情。

  这样循环结构的诗歌,看似简单,但对朗诵者却有着很高的要求。如何把每一句相近似甚至是相同的语言念出不同的味道,需要朗诵者在备稿过程中反复体验、感受,从中"悟"出每一段不同的思想、情感与韵味。

乡　愁
余光中

小时候,
乡愁是一枚小小的邮票,
我在这头,
母亲在那头。
长大后,

乡愁是一张窄窄的船票，
我在这头，
新娘在那头。

后来啊，
乡愁是一方矮矮的坟墓，
我在外头，
母亲在里头。

而现在，
乡愁是一湾浅浅的海峡，
我在这头，
大陆在那头。

《乡愁》是中国台湾地区著名诗人余光中的一篇代表作。诗歌表现了余光中作为一名游子对故乡的无限依恋之情。结合海峡两岸的历史渊源与现实状态，这首小诗一经出版就在海峡两岸引起了广泛关注与强烈共鸣，成为了中国现代诗坛举足轻重的一首作品。

这首小诗的结构和汪国真的《感谢》十分相似，都是4段16句，并且段内语句的结构和行文风格完全一致。从内容上看，四段诗歌依次是以作者成长历程为轴，选取了"小时候""长大后""后来啊""而现在"四个点，用四种不同的借喻表现作者对故乡的思念之情。

在朗诵时，既要充分利用诗歌排比式的结构，表现一种"回环往复"的节奏感和韵律感；同时，又要根据每一段不同的内容表现各自不同的语气、语势。当然，最重要的还是要原汁原味地呈现作者最真挚的思想情感——从幼年、到成年、到老年，不同的年纪、不同的信物，却孕育着相同的乡愁之情。

回　　答
北　岛

卑鄙是卑鄙者的通行证，
高尚是高尚者的墓志铭，
看吧，在那镀金的天空中，
飘满了死者弯曲的倒影。

冰川纪过去了,
为什么到处都是冰凌?
好望角发现了,
为什么死海里千帆相竞?

我来到这个世界上,
只带着纸、绳索和身影,
为了在审判之前,
宣读那些被判决的声音。

告诉你吧,世界
我——不——相——信!
纵使你脚下有一千名挑战者,
那就把我算作第一千零一名。

我不相信天是蓝的,
我不相信雷的回声,
我不相信梦是假的,
我不相信死无报应。

如果海洋注定要决堤,
就让所有的苦水都注入我心中,
如果陆地注定要上升,
就让人类重新选择生存的峰顶。

新的转机和闪闪星斗,
正在缀满没有遮拦的天空。
那是五千年的象形文字,
那是未来人们凝视的眼睛。

《回答》是诗人北岛的代表作。与顾城、海子、食指一样,现担任香港中文大学讲座教授的北岛同样是上世纪末中国诗坛最重要的代表人物之一,曾获诺贝尔文学奖提名的荣誉更是对他作品的高度认可。

对于中国多数知识分子而言,《回答》是一首耳熟能详的诗作。其中的名句"卑鄙是卑鄙者的通行证,高尚是高尚者的墓志铭。"更是影响了一代又一代的国人。朗诵这首诗的根本在于理解诗歌的创作背景和目的。作为一首典型的朦胧诗,作者在诗中使用了大量的隐喻,朗诵者必须要明白诗人到底在质疑什么、批判什么,又选择坚持什么、相信什么。只有从深层次理解这首诗歌的写作意图,才能在朗诵中表现出正确的情感与态度。

一棵开花的树
席慕容

如何让你遇见我
在我最美丽的时刻

为这
我已在佛前求了五百年
求佛让我们结一段尘缘
佛于是把我化做一棵树
长在你必经的路旁

阳光下
慎重地开满了花
朵朵都是我前世的盼望

当你走近
请你细听
那颤抖的叶
是我等待的热情

而当你终于无视地走过
在你身后落了一地的
朋友啊
那不是花瓣
那是我凋零的心

《一棵开花的树》是中国台湾地区女诗人席慕容的一首作品。席慕容生于四川,是蒙古族王族之后。她的诗歌篇幅简练、文字优美,大多以爱情、乡愁等主题入诗,在海峡两岸的年轻人群体中有着无数拥趸。

这首诗无论从内容还是结构上看,都是一首简单的小诗。但诗中的意蕴却是十分深远,耐人寻味。这并不是一首简单地描写"女孩在路边等着男孩看自己"的浅薄的情诗,也不是一首讲述"女孩被男孩抛弃"的失恋悲歌,它所表现的应该是一种真挚的、热烈的对待爱的追寻和诉求。因此需要在朗诵时表现出更多虔诚、执著、庄重的情感。把爱情视作一种神圣的仪式,才能诵出作者创作时的情怀。

我爱这土地
艾 青

假如我是一只鸟,
我也应该用嘶哑的喉咙歌唱:
这被暴风雨所打击着的土地,
这永远汹涌着我们的悲愤的河流,
这无止息地吹刮着的激怒的风,
和那来自林间的无比温柔的黎明……
——然后我死了,
连羽毛也腐烂在土地里面。

为什么我的眼里常含泪水?
因为我对这土地爱得深沉……

《我爱这土地》是艾青的一首短诗,表现的是诗人对祖国无比深沉的爱意。在这首诗里,作者把自己比喻成一只鸟,即便声音嘶哑也依然要为祖国而歌唱,死也要死在祖国的土地里。

"深沉"是朗诵这首诗的根本基调,在这基调之上的,则是作者对于祖国的无比虔诚。整篇诗歌的情景是虚幻的,宛如童话世界一般,但在这种意境下的情感却是无比真实的,在虚幻的世界中表现真实的情感,可以把声音放得更开,情绪演绎得更为浓烈。

诗歌的第3到第6句,有着明显的排比格式,在朗诵时需要注意句与句的起伏变化,通常而言,采取"低、次高、次低、高"的变化较为合适。同时"土地""河流""风"和"黎明"同样要用声音表现出彼此之间的不同。

最后两句之前有一个分段,代表着诗歌内容情绪的转折。在这里并不需要停顿太长时间,而是要通过前后情绪的转变来表现诗歌的变化——前面是高声的呐喊与歌唱,后面则是静静的沉思与慨叹。这样的处理,末尾处的结束感与诗歌的完整性就能得到较好的呈现。

春天遂想起
余光中

春天,遂想起
江南,唐诗里的江南,九岁时
采桑叶于其中,捉蜻蜓于其中
(可以从基隆港回去的)
江南
小杜的江南
苏小小的江南
遂想起多莲的湖,多菱的湖
多螃蟹的湖,多湖的江南
吴王和越王的小战场
(那场战争是够美的)
逃了西施
失踪了范蠡
失踪在酒旗招展的
(从松山飞三个小时就到的)
乾隆皇帝的江南

春天,遂想起遍地垂柳
的江南,想起
太湖滨一渔港,想起
那么多的表妹,走在柳堤
(我只能娶其中的一朵!)
走过柳堤,那许多的表妹
就那么任伊老了
任伊老了,在江南
(喷射云三小时的江南)
即使见面,她们也不会陪我
陪我去采莲,陪我去采菱
即使见面,见面在江南
在杏花春雨的江南

在江南的杏花村

（借问酒家何处）

何处有我的母亲

复活节，不复活的是我的母亲

一个江南小女孩变成的母亲

清明节，母亲在喊我，在圆通寺

喊我，在海峡这边

喊我，在海峡那边

喊，在江南，在江南

多寺的江南

多亭的江南

多风筝的江南啊

钟声里的江南

（站在基隆港，想

想回也回不去的）

多燕子的江南

和《乡愁》一样，《春天遂想起》也是中国台湾地区文学家余光中所创作的以思乡为主题的抒情诗。但不同于前者用简单的三个类比告诉读者"乡愁"是什么，这首诗歌则是以较长的篇幅，反复絮叨地向人们讲述他记忆中的故乡——江南的模样（余光中虽祖籍福建，但从小生长在南京）。最后，作者更是借江南想起了自己的母亲，可见在他心中，故乡的水土就好像是母亲一般，有着养育自己长大的恩情。

整首诗的情绪遵循着层层递进的方式展开。第一段写江南的历史，带着一股煮酒论英雄的潇洒和淡然——在后人看来，所谓历史也就是一段段的佳话或是趣事吧，所以作者才会觉得连战争也是美的。第二段前半写到了自己和"许多的表妹"，思乡之情从"思景"变成了"思人"，感慨岁月无情人易老，难免会带上些许淡淡的忧伤。第三段又想到了已经去世的母亲，这时忧伤渐渐地变成了悲伤，随着心情渐重，情绪也变得愈加浓郁。

朗诵时语言的表达同样要遵循这样的情感脉络。起先是潇洒的、随意的，吐字也是轻快的，带着淡淡的笑意，重点描绘江南的"美"；随后是感慨的、失落的，言语中出现了些许的"若有所失"，重点表现岁月变迁、物是人非的无奈；最后则是忧伤的、迷离的，"站在基隆港""想回也回不去"不免让人心绪起伏、鼻尖酸楚。

假如生活欺骗了你
普希金

假如生活欺骗了你,
不要悲伤,不要心急!
忧郁的日子里需要镇静:
相信吧,快乐的日子将会来临。
心儿永远向往着未来,
现在却常是忧郁。
一切都是瞬息,
一切都将会过去,
而那过去了的,
就会成为亲切的怀恋。

这是俄国伟大的诗人普希金所创作的一首小诗。诗歌写于1925年,那年12月,爆发了俄国历史上著名的十二月党人起义。而那时,坚定站在十二月党人阵营中的普希金却因遭到流放而无法投身革命之中。即便如此,普希金却依然表现出了强大的乐观精神,这首诗歌正是他坚强乐观的人生信念的写照。

因此,在朗诵这首诗的时候,一定要充分表现诗人身处逆境时的那股热爱生活、相信未来、不畏艰险、迎难而上的热情、勇气和信心。诗歌中所流露出的情感力量深沉而热烈、清新而质朴,同时还带有积极向上的哲理思想。诗歌不长,言语也非常简洁明了,用一种直白干脆的语言节奏去朗诵,更能表现出作者的胸怀与斗志。

哦,船长,我的船长
惠特曼

哦,船长,我的船长!我们险恶的航程已经告终,
我们的船安渡过惊涛骇浪,我们寻求的奖赏已赢得手中。
港口已经不远,钟声我已听见,万千人众在欢呼呐喊,
目迎着我们的船从容返航,我们的船威严而且勇敢。
可是,心啊!心啊!心啊!
哦,殷红的血滴流泻,
在甲板上,那里躺着我的船长,
他已倒下,已死去,已冷却。

哦,船长,我的船长!起来吧,请听听这钟声,
起来,——旌旗,为你招展——号角,为你长鸣。
为你,岸上挤满了人群——为你,无数花束、彩带、花环。
为你,熙攘的群众在呼唤,转动着多少殷切的脸。
这里,船长!亲爱的父亲!
你头颅下边是我的手臂!
这是甲板上的一场梦啊,
你已倒下,已死去,已冷却。

我们的船长不作回答,他的双唇惨白、寂静,
我的父亲不能感觉我的手臂,他没有脉搏、没有生命,
我们的船已安全抛锚碇泊,航行已完成,已告终,
胜利的船从险恶的旅途归来,我们寻求的已赢得手中。
欢呼,哦,海岸!轰鸣,哦,洪钟!
可是,我却轻移悲伤的步履,
在甲板上,那里躺着我的船长,
他已倒下,已死去,已冷却。

这是美国现代诗歌之父——沃尔特·惠特曼所写的一首经典诗作,用以悼念在南北战争中做出卓越功勋的美国总统林肯。诗里的船已经顺利返航,码头上满是迎接的人群,可本该享受欢呼的船长却在甲板上死去——这与林肯在赢得南北战争的胜利、成功解放黑奴之后遭到暗杀的历史是完全吻合的。

在1989年拍摄的奥斯卡获奖影片《死亡诗社》(又名《春风化雨》)最后,为了向被迫离开学校的基廷老师表达敬意,全体学生站在课桌上大声朗诵了惠特曼的这首《哦,船长,我的船长!》,将老师视作引领他们成长的精神领袖。这部电影在中国影响了数以千万计的年轻人,而惠特曼和他的这部作品也就此成为了国人心目中的经典。

整首诗分为三段,每段都采用"四长四短"的创作手法,前两段的四句长句采用了对话般的口吻,情绪状态兴奋而激动,仿佛是作者在向船长汇报喜讯;四句短句则是自己的内心独白。因此在朗诵时,前四句要带些"戏剧范儿",有点像是在舞台上演话剧念台词,声音响亮情绪高昂;而后一段,仿佛是之前两段内容的反复,朗诵的情感色彩也需要在回环往复中不断升华。这样,便能将文字的感染力与声音的感染力融为一体,将作者对林肯无限的敬仰与缅怀之

情烘托得更为浓郁。

第二节 散　文

月　光　曲

　　一百多年前,德国有个音乐家叫贝多芬,他谱写了许多著名的曲子。其中有一首著名的钢琴曲叫《月光曲》,传说是这样谱成的。

　　有一年秋天,贝多芬去各地旅行演出,来到莱茵河边的一个小镇上。一天夜晚,他在幽静的小路上散步,听到断断续续的钢琴声从一所茅屋里传出来,弹的正是他的曲子。

　　贝多芬走近茅屋,琴声突然停了,屋子里有人在谈话。一个姑娘说:"这首曲子多难弹啊!我只听别人弹过几遍,总是记不住该怎样弹,要是能听一听贝多芬自己是怎样弹的,那有多好啊!"一个男的说:"是啊,可是音乐会的入场券太贵了,咱们又太穷。"姑娘说:"哥哥,你别难过,我不过随便说说罢了。"

　　贝多芬听到这里,就推开门,轻轻地走了进去。茅屋里点着一支蜡烛。在微弱的烛光下,男的正在做皮鞋。窗前有架旧钢琴,前面坐着个十六七岁的姑娘,脸很清秀,可是眼睛瞎了。

　　皮鞋匠看见进来个陌生人,站起来问:"先生,您找谁?走错门了吧?"贝多芬说:"不,我是来弹一首曲子给这位姑娘听的。"

　　姑娘连忙站起来让座。贝多芬坐在钢琴前面,弹起盲姑娘刚才弹的那首曲子来。盲姑娘听得入了神,一曲完了,她激动地说:"弹得多纯熟啊!感情多深哪!您,您就是贝多芬先生吧?"

　　贝多芬没有回答,他问盲姑娘:"您爱听吗?我再给您弹一首吧。"

　　一阵风把蜡烛吹灭了。月光照进窗子来,茅屋里的一切好像披上了银纱,显得格外清幽。贝多芬望了望站在他身旁的穷兄妹俩,借着清幽的月光,按起琴键来。

　　皮鞋匠静静地听着。他好像面对着大海,月光正从水天相接的地方升起来。微波粼粼的海面上,霎时间洒遍了银光。月亮越升越高,穿过一缕一缕轻纱似的微云。忽然,海面上刮起了大风,卷起了巨浪。被月光照得雪亮的浪花,一个连一个朝着岸边涌过来……皮鞋匠看看妹妹,月光正照在她那恬静的脸上,照着她睁得大大的眼睛,她仿佛也看到了,看到了她从来没有看到过的景象,在月光照耀下的波涛汹涌的大海。

兄妹俩被美妙的琴声陶醉了。等他们苏醒过来,贝多芬早已离开了茅屋。他飞奔回客店,花了一夜工夫,把刚才弹的曲子——《月光曲》记录了下来。

本文讲述了伟大的音乐家贝多芬在创作钢琴名曲《月光曲》的过程中所经历的一件感人的故事。虽然也曾有人在考证后指出,故事中的情节纯属杜撰,贝多芬在创作《月光曲》前并没有给穷兄妹俩弹琴的经历,但作为曾经语文课本中的一篇必学课文,这个故事对中国许多人来说都是非常熟悉的。

在朗诵这篇文章时,前半段故事的讲述、人物的对白并没有太高的难度,但文章后半段的情景描绘及语句节奏变化却是极具挑战的。朗诵者不仅要妥善处理贝多芬、皮鞋匠、盲女三人的行为、动作及现场的环境气氛,还要准确把握皮鞋匠、盲女在听《月光曲》时眼前仿佛浮现出的景象。做好这两类的结合才能将作品朗诵得准确、到位。

麻雀
屠格涅夫

我打猎归来,沿着花园的林荫路走着。狗跑在我前边。

突然,狗放慢脚步,蹑足潜行,好像嗅到了前边有什么野物。

我顺着林荫路望去,看见了一只嘴边还带黄色、头上生着柔毛的小麻雀,它从巢里跌落下来(风猛烈地吹动着林荫路上的白桦树),呆呆地伏在地上,孤苦无援地张开两只刚刚长出羽毛的小翅膀。我的狗慢慢地逼近它。忽然,从附近一棵树上扑下一只黑胸脯的老麻雀,像一颗石子似的落在狗的嘴脸眼前——它全身倒竖着羽毛,惊惶万状,发出绝望、凄惨的吱吱喳喳叫声,两次向露出牙齿、大张着的狗嘴边跳扑前去。它是猛扑下来救护的,它以自己的躯体掩护着自己的幼儿……可是,由于恐怖,它整个小小的躯体都在颤抖,它那小小的叫声变得粗暴嘶哑了,它吓呆了,它在牺牲自己了! 在它看来,狗该是个多么庞大的怪物啊! 然而,它还是不愿站定在自己高高的、安全的树枝上……一种比它的意志更强大的力量,使它从那儿扑下身来。我的特列左尔站住了,向后退下来……看来,它也承认了这种力量。

我赶紧叫开受窘的狗——于是,我怀着极恭敬的心情,走开了。是啊,请不要见笑。我崇敬那只小小的、英勇的鸟儿,我崇敬它那爱的冲动。爱,我想,比死和死的恐惧更加强大。只有依靠它,依靠这种爱,生命才能维持下去,发展下去。

《麻雀》是俄国著名现实主义作家屠格涅夫创作的一篇散文诗。和《海燕》一样,在翻译过后作品已经基本看不出"诗"的影子,由此这里将它作为一篇故事性散文来介绍。

屠格涅夫的作品中蕴含有强烈的现实主义元素和批判精神。《麻雀》具备着屠格涅夫短篇散文诗的一贯风格,借助生活中的某一个场景、通过对场景中人与物的展示,表现出作家的情绪和态度。

文章开篇的情绪是非常平缓的,但随即便进入了十分紧张的情境与节奏,麻雀与狗对峙的场面更是对作者造成了巨大的心灵震撼。渐渐地,作者心中的震撼变成了一股崇高的敬意,并在文末为鸟儿的勇敢唱出了赞歌。把控着这样的情绪状态,作品的朗诵便有了内在的依据。

苹果里的星星

一个人的错误,有可能侥幸地成为另一个人的发展。

儿子走上前来,向我报告幼儿园里的新闻。说他又学会了新东西,想在我面前显示显示。他拿出一把还不该他用的小刀,又取出一个苹果,说:"妈妈,我要让你看看里头是什么。"

"我知道苹果里是什么。"我说。"还是让我切给您看看吧。"说着把苹果一切两半——切错了。我们都知道,正确的切法应该是从茎部切到底部窝凹处。而他呢,却是把苹果横放着,拦腰切下去。然后他把切好的苹果伸到我的面前:"妈妈,看哪,里头有颗星星呢。"真的,从横切面看,苹果核果然显一个清晰的五角星状。我们一生不知吃过多少苹果,总规规矩矩地按正确的切法把它们切成两半,却从未疑心过还有什么隐藏的图案我尚未发现!于是,在那么一天,我的孩子把消息带回家来。彻底改变了冥顽不化的我们。不论是谁,第一次切"错"苹果,大凡都仅出于好奇,或由于疏忽所致,使我深深触动的是,这深藏其中、不为人知的图案竟具有如此巨大的魅力。它先从不知什么地方传到我儿子的幼儿园,接着便传给我们大家。

是的,如果你想知道什么叫创造力,往小处说,就是苹果——切错的苹果。

这是一个颇有哲学色彩的小散文。通过一个日常生活中常见的小故事,表现出一个不易被人们关注到的哲学小道理——所谓创造力就像是切错的苹果那样,需要我们打破常规才能去发现。

在朗诵本篇作品时,整体的语言风格是平实、沉稳的,语言中"艺术性"的表现力并不需要太强,重点营造出生活中的日常状态。至于人物角色的语言,孩子的语言需要略微表现出一些天真的稚气;"我"的语言与旁白比较接近,需要表现出一个三十多岁成年人的口吻。倘若由青少年来朗诵本篇作品,则需要在整体上将自己的声音表现得更为成熟。

我的南方和北方
赵凌云

自从认识了那条奔腾不息的大江,我就认识了我的南方和北方;

我的南方和北方相距很近,近得可以隔岸相望;

我的北方和南方相距很远,远得无法用脚步丈量。

大雁南飞,用翅膀缩短着我的南方与北方;

燕子归来,衔着春泥表达着我的北方与南方。

我的南方,也是柳永和李煜的南方。一江春水滔滔东流,流去的是落花般美丽的往事和芬芳。梦醒时分,定格在杨柳岸晓风残月中的那种忧伤,也注定只能定格在南方才子佳人幽怨的面庞……

我的北方,也是李白和高适的北方。烽烟滚滚,战马挥缰。在胡天八月的飞雪中,骑马饮酒的北方将士,正开进着刀光剑影的战场,所有的胜利与失败,最后都化作了边关冷月下的一排排胡杨……

我曾经走过黄山、衡山、峨嵋、雁荡,寻找着我的南方,我的南方却在乌篷船、青石桥、油纸伞的深处隐藏。在秦淮河的灯影下,我凝视着我的南方;在寒山寺的钟声里,我倾听着我的南方;在富春江的柔波里,我拥抱着我的南方。我的南方啊!杏花春雨,小桥流水,莺飞草长。

我曾经走过天山、昆仑、长白、太行,寻找我的北方。我的北方却在黄土窑、窗花纸、蒙古包的深处隐藏。在风沙走石的戈壁滩,我与我的北方并肩歌唱;在塞外飞雪的兴安岭,我与我的北方沉思凝望;在苍茫一片的山海关,我与我的北方相视坚强。我的北方啊!大漠孤烟,长河落日,唢呐嘹亮。

都说我的南方富饶,可那万亩稻田、千里水乡,是父辈们用汗水和泪珠浇灌,是改革者用勇气和智慧酝酿。不论是大名鼎鼎的鱼米之乡,还是深圳、温州、小港,闪亮的名字,其实是斧凿刀刻一般,拓印在爸爸妈妈的皱纹上!

都说我的北方贫穷,可是我分明听到了,听到了振兴老东北,开发大西北的战鼓隆隆作响;听到了那停产多年的老机床又开始欢快地歌唱;听到了劳动号子、安塞腰鼓响彻九曲黄河旁;听到了爸爸用粗糙的大手拂去汗珠后的步履铿锵……我知道,你醒了,我的北方!

从古到今,那条奔腾不息的大江就像一根琴弦,弹奏着几多兴亡,几多沧桑;

在东南风的琴音里,我的南方雨打芭蕉,荷香轻飘,婉约而又悠扬!

在西北风的琴音中,我的北方雪飘荒原,腰鼓震天,凝重而又张狂!

我的南方和北方,

我的北方和南方，
我的永远的故乡和天堂！

这是一篇非常恢宏大气的散文，文章的结构介乎诗歌和散文之间，通篇采用句与句之间的对比，甚至是段与段之间的对比，再借助华丽的辞藻和酣畅的句式，表现中国南方的秀美风景和北方的壮美风光。

作为一篇专门为朗诵而生的文学作品，文章本身就为朗诵提供了非常便利的外部条件，因此朗诵者可以全力以赴地将备稿重心放在语意的表达和情感的抒发之上。具体说来，就是情感分明地在结构相同的单双句、单双段中表现出南方与北方不同的色彩与风貌——南方是秀美的，偏向于"柔"的色彩；北方是壮美的，偏向于"刚"的色彩，在每一个对比中表现出刚与柔的回环往复，便能够牢牢地扣住文章的语势与节奏，情感的表达必定是准确而鲜亮的。

两千年的闪击
王开岭

去西安的路上，突然想起了他。

两千年前那位著名的死士。

漉漉雪雨，秦世恍兮。

眺望函谷关外那漫漶恣肆的黄川土壑，我竭力去模拟他当时该有的心情，结果除了彻骨的凉意和内心嗖嗖的附痛，什么也说不出……

他是死士。他的生命就是去死。

活着的人根本不配与之攀交。

咸阳宫的大殿，是你的刑场。而你成名的地方，则远在易水河畔。

我最深爱的，是你上路时的情景。

那一天，"荆轲"——这个青铜般辉煌的名字作为一枚一去不返的箭镞镇定地迈上弓弦。白幡猎猎，万马齐喑，谁都清楚意味着什么。寒风中那屏息待发的剑匣已紧固到结冰的程度，还有那淡淡的血腥味儿……连易水河畔的瞎子也预感到了什么。

你信心十足，可这是对死亡的信心。更是对人格对诺言和友谊的信心。无人敢怀疑。连太子丹——这个只重胜负的家伙也不敢怀疑厘毫。你只是希望早一点离去……

再没有什么值得犹豫和留恋的了吗？

比如青春，比如江湖，比如故乡桃花和爱情……

你摇摇头。你认准了那个比生命更大的东西。一生只能干一件事。

士为知己者死。死士的含义就是死，这远比做一名剑客更重要。再干一杯吧！

为了永生永世——值得为"她"活了一次的誓言,为了那群随你前仆后继无怨无悔的真正死士!樊於期、田光先生、高渐离……

太子丹不配"知己"的称号。他是政客,早晚死在谁的手里都一样。这是怕死的人。一个怕死的人也濒死的人。

濒死的人却不一定怕死。

"好吧,就让我——做给你看!"

你威仪的嘴唇浮出一丝苍白的冷笑。

这不易察觉的绝世凄笑突然幻化出惊心动魄的美,比任何一位女子的都要美——它足以赢得世间任何一种爱情,包括男人的在内。

"风萧萧兮易水寒,壮士一去兮不复还"。

高渐离的唱和是你一生最大的安慰,也是你最当之无愧的荣誉。

他的绝唱其实只奏给你一人听。其他人全是聋子。琴弦里埋藏着你们的秘密,只有死士间才敢问津的秘密。

遗嘱和友谊,这一刻他全部给了你。如果你折败,他将第二个用才华去死的人。

你凄怜地一笑,谢谢你,好兄弟!记住我们的相约!我在九泉之下,迎候你。

是时候了。是誓言启动的时候了。

你握紧剑柄,手掌结满霜花。

夕阳西下,缟绫飞卷,你修长的身影像一脉苇叶在风中远去……

朝那个预先埋伏好的结局逼近。

黄土、皑雪、白草……

从易水河到咸阳宫,每一寸都写满了乡愁和忧郁。那种无人能代的横空出世的孤独,那种"我不去,谁去?"的剑客的自豪——

是的,没有谁能比你的剑更快!

你是一条比蛇还疾的闪电!

闪电正一步步带近黑夜,逼近黑暗中硕大的首级。

那是一个怎样漆黑的时刻,漆黑中的你后来什么也看不见了……

一声訇响,石破天惊的一声訇响。接着便是身躯重重摔地的沉闷。

死士。他的荣誉就是死。

没有不死的死士。

除了死亡,还有世人的感动和钦佩。

那长剑已变成一柄人格的尺子,你的血只会使青铜额添一份英雄的光镍。

一个凭失败而成功的人,你是第一个。

一个以承诺换生命的人,你是第一个。

你让"荆轲"这两个普通的汉字——
成为一个万世流芳的美学碑名!
那天,西安城飘起了雪,站在荒无一人的城梁之上,我寂寞地走了几公里。
我寂寞地想,两千年前的那一天,是否也像这样飘着雪?那个叫荆轲的青年是否也从这个方向进了城?
这念头是否显得可笑?
我想起诗人一句话:"我将穿越,但永远不能抵达!"
荆轲终于没能抵达。
而我,和你们一样——
也永远到不了咸阳。

和《青衣》一样,《两千年的闪击》也是在齐越朗诵艺术节上一炮而红的朗诵篇目,区别在于朗诵作品与原文基本相同,内容并没有太多删改,主题思想也完全一致。文章的作者叫王开岭,当《两千年的闪击》第一次被搬上朗诵舞台时,他还只是一个极其小众的地下作家。

这篇文章很容易让人想起苏轼的《念奴娇·赤壁怀古》——同样是在旅行途中想念起了古人,并在文末联系自己发表唏嘘感想。由于联想到的历史事件不同,因而文章的基调有所区别。荆轲刺秦是一个悲剧故事,所以本文的基调以悲怆为主,但在悲的背后,还有着誓言、承诺、友谊……这许多光亮的美德,更有着后人对荆轲的无限挚爱与尊崇。因此,在文章深处所蕴含着的光辉色彩同样是需要朗诵者浓墨重彩地描绘出来的。

此外,技巧的表现对于本文的朗诵来说,同样非常重要。无论是文章开头对自己路途的描写,还是随后大段对荆轲"上路时的情景"的描写,每一句话、每一个细节都要借助"视像感"来描摹情境;对于荆轲"上路"前内心情绪的揣摩,需要朗诵者借助"情感替代"的方式来贴近感受。不仅如此,随着故事情节的张弛变化,朗诵者的语速和节奏也要相应作出改变……一系列的内外部技巧的综合运用,才有可能将这篇随笔式的文章表现得如小说般精彩,才有可能把这篇散文中的情感表现得如诗歌般浪漫。

第三节 故　　事

两只笨狗熊

狗熊妈妈有两个孩子,一个叫大黑,一个叫小黑。他们长得挺胖,可是都很笨,是两只笨狗熊。有一天,天气真好,哥儿俩拉着手一起出去玩儿。他们走着,走着,忽然看见路边有一块很大的干面包,捡起来闻闻,嘿,喷喷香。可是只有一块面包,两只小狗熊怎么吃呢?大黑怕小黑多吃一点,小黑也怕大黑多吃一点。这可不好办呀!大黑说:"咱们分了吃,可要分得公平,我的不能比你的小。"小黑说:"对。要分得公平。你的不能比我的大。"哥儿俩正闹着呢,狐狸大婶来了。她看见干面包,眼珠骨碌碌一转,说:"噢,你们是怕分得不公平吧?来,让大婶给你们分!"哥儿俩高兴地说:"好,好,咱们让狐狸大婶来分!"

狐狸大婶接过干面包,恨不得一口吞下去。可是她没有这样做。她把干面包一下掰成两半。哥儿俩一看,连忙叫起来:"不行!不行!一块大,一块小。"狐狸大婶说:"你们别着急呀!瞧,这一块大一点儿吧?我咬它一口。"狐狸大婶张开大嘴,"啊呜"咬了一口。哥儿俩一看,又叫起来了:"不行!不行!这块大的被你咬了一口,又变成小的了。"狐狸大婶说:"你们急什么呀,那块大了,我再咬它一口吧。"狐狸大婶张开大嘴,"啊呜"咬了一口。哥儿俩一看,急得叫起来:"那块大的被你咬了一口,又变成小的了。"狐狸大婶就这样这块咬一口,那块咬一口,干面包只剩下小手指头那么一点儿了。她把一丁点儿大的干面包分给大黑和小黑,说:"现在两块干面包都一样大小了,吃吧,吃吧,吃得饱饱的。"

大黑和小黑你看看我,我看看你,一句话也说不出来。

《两只笨狗熊》是一个非常经典的寓言故事,经常出现在儿童朗诵比赛或故事比赛当中。故事情节读者是比较熟悉的,狐狸利用笨狗熊兄弟谁都不肯吃亏的心态,用诡计吃光了兄弟俩捡到的干面包。

作为一篇以动物为主要角色的故事,动物角色声音形象的把握是朗诵时的关键所在。本文中的三个角色中,狗熊兄弟的声音形象是比较接近的,都是呆板、愚笨、小心眼、斤斤计较的"傻、大、愣"的形象,在细节把握上,可以根据老大、老二年龄上的差别加以区分。至于狐狸,本文中的狐狸大婶的音色和《谦虚过度》里狐狸艾克较为接近,仅仅是在年龄感、说话口气、思想态度上会有一些不同。狐狸大婶要比狐狸艾克的形象更土一些,年龄更大一些,态度中的虚伪更外露一些,内心的奸诈、狡猾更老道一些。把握住了这三个角色的声音,故事的表现便不会有太大难度了。

一头学问渊博的猪

一头绝顶聪明的猪,住在一个非常出名的图书馆的院子里。它深信自己由于多年图书馆的生涯,已经成了渊博的学者。

有一天,一只八哥来访问。这头猪立即按照惯例,对客人进行自我介绍。

"朋友,相信我吧!"它说,"我在这个图书馆里待的时间很长了,我对这儿的沟渠、粪坑、垃圾堆,都有着深刻的了解,甚至屋后山坡上的墓穴都拱翻了好几个。谁要是想在这个图书馆得到知识而不找我,那他是白跑了一趟。"

八哥说:"你所说的都是图书馆外面的事,那里面的东西也了解吗?"

"里面?"这头学问渊博的猪说,"那我最清楚不过了。里面无非是一些木架子,上面堆满了各色各样的书。"

"你对那些书也了解吗?"八哥问。

"怎么不了解呢?"这位渊博的学者说,"那是最没意思的了。它们既没有什么香气,也没有什么臭气,我咀嚼过好几本,也谈不上有什么味道,干巴巴的,连一点儿水分也没有。"

"可是人们老在里面待着,据说他们在里面探求知识的宝藏呢!"八哥又说。

"人们?你说他们干什么!"这位猪学者说,"他们确实是那样想的,想在书里找点什么东西。我常常看到许多人把那些书翻来翻去,结果什么也没有得到,仍然把书丢在架子上又走了。我保险他们在里面连糠渣菜叶都没有得到一点,还谈什么宝藏!我从不做那种蠢事。与其花时间去啃书本,还不如到垃圾堆翻几个烂萝卜啃啃。"

"算了吧,我的学者!"八哥说,"一个从垃圾堆里啃烂萝卜的嘴巴,来谈论书本上的事,是不大相宜的。还是去啃你的烂萝卜吧!"

这是一个很有趣味的儿童寓言,通过一只"学问渊博"的猪与八哥的对话,讲述了一个十分简单明了的道理:书本里的知识只有学到脑袋里去才算是自己的,仅仅生活在书本的环境里,或是把书本"啃"进肚子,毫无意义。

与其他的以动物为角色的寓言一样,依然需要把朗诵的重点放到角色语言的把握中去。作品的主角——学问渊博的猪在说话时既要有《乌鸦和猪的谅解》中猪的蠢笨、呆傻,又要有那种自恃学问渊博的狂妄自大,这样来把握猪的声音形象,基本上算是到位了。

另一方面,尽管八哥的音色始终是尖亮的、扁平的,和日常听到的八哥学语的声音色彩比较接近,但在作品前后,八哥在和猪对话时的态度却有着一百八十度的"大拐弯儿"——前半段对猪万般尊敬、崇拜,后半段却变成了鄙夷与讽刺。因此朗诵者在保持八哥本身音色的同时,也要把这种情绪态度表现出来。

卖火柴的小女孩
安徒生

天冷极了,下着雪,又快黑了。这是一年的最后一天——大年夜。在这又冷又黑的晚上,一个乖巧的小女孩,赤着脚在街上走着。她从家里出来的时候还穿着一双拖鞋,但是有什么用呢?那是一双很大的拖鞋——那么大,一向是她妈妈穿的。她穿过马路的时候,两辆马车飞快地冲过来,吓得她把鞋都跑掉了。一只怎么也找不着,另一只叫一个男孩捡起来拿着跑了。他说,将来他有了孩子可以拿它当摇篮。

小女孩只好赤着脚走,一双小脚冻得红一块青一块的。她的旧围裙里兜着许多火柴,手里还拿着一把。这一整天,谁也没买过她一根火柴,谁也没给过她一个硬币。

可怜的小女孩!她又冷又饿,哆哆嗦嗦地向前走。雪花落在她的金黄的长头发上,那头发打成卷儿披在肩上,看上去很美丽,不过她没注意这些。每个窗子里都透出灯光来,街上飘着一股烤鹅的香味,因为这是大年夜——她可忘不了这个。

她在一座房子的墙角里坐下来,蜷着腿缩成一团。她觉得更冷了。她不敢回家,因为她没卖掉一根火柴,没挣到一个钱,爸爸一定会打她的。再说,家里跟街上一样冷。他们头上只有个房顶,虽然最大的裂缝已经用草和破布堵住了,风还是可以灌进来。

她的一双小手几乎冻僵了。啊,哪怕一根小小的火柴,对她也是有好处的!她敢从成把的火柴里抽出一根,在墙上擦燃了,来暖和暖和自己的小手吗?她终于抽出了一根。哧!火柴燃起来了,冒出火焰来了!她把小手拢在火焰上。多么温暖多么明亮的火焰啊,简直像一支小小的蜡烛。这是一道奇异的火光!小女孩觉得自己好像坐在一个大火炉前面,火炉装着闪亮的铜脚和铜把手,烧得旺旺的,暖烘烘的,多么舒服啊!哎,这是怎么回事呢?她刚把脚伸出去,想让脚也暖和一下,火柴灭了,火炉不见了。她坐在那儿,手里只有一根烧过了的火柴梗。

她又擦了一根。火柴燃起来了,发出亮光来了。亮光落在墙上,那儿忽然变得像薄纱那么透明,她可以一直看到屋里。桌上铺着雪白的台布,摆着精致的盘子和碗,肚子里填满了苹果和梅子的烤鹅正冒着香气。更妙的是这只鹅从盘子里跳下来,背上插着刀和叉,摇摇摆摆地在地板上走着,一直向这个穷苦的小女孩走来。这时候,火柴又灭了,她面前只有一堵又厚又冷的墙。

她又擦着了一根火柴。这一回,她坐在美丽的圣诞树下。这棵圣诞树,比她去年圣诞节透过富商家的玻璃门看到的还要大,还要美。翠绿的树枝上点着几千支明晃晃的蜡烛,许多幅美丽的彩色画片,跟挂在商店橱窗里的一个样,在向她眨眼睛。小女孩向画片伸出手去。这时候,火柴又灭了。只见圣诞树上的烛光越升越高,最后成了在天空中闪烁的星星。有一颗星星落下来了,在天空中划出了一道细长的红光。

"有一个什么人快要死了。"小女孩说。唯一疼她的奶奶活着的时候告诉过她:一颗星星落下来,就有一个灵魂要到上帝那儿去了。

她在墙上又擦着了一根火柴。这一回,火柴把周围全照亮了。奶奶出现在亮光里,是那么温和,那么慈爱。"奶奶!"小女孩叫起来,"啊!请把我带走吧!我知道,火柴一灭,您就会不见的,像那暖和的火炉,喷香的烤鹅,美丽的圣诞树一个样,就会不见的!"

她赶紧擦着了一大把火柴,要把奶奶留住。一大把火柴发出强烈的光,照得跟白天一样明亮。奶奶从来没有像现在这样高大,这样美丽。奶奶把小女孩抱起来,搂在怀里。她俩在光明和快乐中飞走了,越飞越高,飞到那没有寒冷,没有饥饿,也没有痛苦的地方去了。

第二天清晨,这个小女孩坐在墙角里,两腮通红,嘴上带着微笑。她死了,在旧年的大年夜冻死了。新年的太阳升起来了,照在她小小的尸体上。小女孩坐在那儿,手里还捏着一把烧过了的火柴梗。

"她想给自己暖和一下。"人们说。谁也不知道她曾经看到过多么美丽的东西,她曾经多么幸福,跟着她奶奶一起走向新年的幸福中去。

《卖火柴的小女孩》是丹麦著名童话作家安徒生写的一个著名的童话故事。故事讲述了一个贫穷的小女孩在圣诞节的夜里饥寒交迫,最终死在街头的悲剧故事。作家通过对小女孩在现实世界中的遭遇的描写,与小女孩通过火柴的光所看到的那个梦幻般的世界形成鲜明的对比,在"悲"的色彩中融入了对"美"的憧憬,在抨击资本主义世界的罪恶的同时,也表现出了贫苦大众对光明的向往与追求。

由此可见,虽然同为寓言故事,但这篇作品的朗诵难度显然要比之前以动物为主要角色的儿童寓言高了不少。

正是因为有了上述的对比,文章每一部分的基调、节奏都是不一样的。在讲述小女孩的贫困生活,在街头的悲惨境遇时,朗诵者的语言要表现出忧伤、怜悯的色彩;在表现富人的奢侈、路人的冷漠时,语言要表现出对这个不公平的时代的鞭笞和批判;在描绘小女孩从火柴的光芒中所看到烤鹅、火炉、圣诞树、去世的奶奶……时,语言要表现出如梦般的温暖与幸福。

当然,单独表现这些情感态度并不是难事,但如何做到在语段中反复切换语言的更迭,这就需要朗诵者对自己的声音、表达有很强的控制力,让自己的每一句话语都能紧密贴合语句的内容和目的。

疑病乱投医

有个人偶感风寒,咳嗽不止,他觉得浑身都不舒服,就去请医生看病。医生看了看他那个无精打采的样子，又摸了摸脉，说他是得了蛊病，如果不抓紧治疗恐怕会丢命。这个人一听吓坏了，连忙拿出许多金子，求医生一定要治好他的病。

这个医生给他开了治蛊病的药吃，说是这种药可以攻击他的肾脏和肠胃，又会炙烧他的身体和皮肤，因此，吃这种药必须注意禁美味佳肴，否则药物难以奏效。一个月过去了，这个人病情不见好转，反而加重了，除了咳嗽，还有内热外寒，百病发作。加上他一个月的禁食，营养不良，身体瘦弱疲惫，真的像一个患蛊病的人了。

无奈，他又请来另一个医生为他治病。这个医生检查了他的各种症状，诊断他患的是内热病，于是又给他寒药吃。这次，他又花去许多金子。

他吃过医生给他开的寒药，结果弄得他每天早晨呕吐，晚上腹泻，痛苦不堪。休谈禁食美味佳肴，这次连饭都不能吃了。他心里非常害怕，这样下去恐怕真的保不住命了。于是，他又反过来改服热药，谁知这样一来，他又出现全身浮肿，到处长痈长疖生疮，搞得他头晕目眩，真个浑身是病，一天到晚叫苦不迭。

他又拿出钱财，第三次请来一个医生。这个医生见他满身是病，真不知从何医起，结果是越医病越重了。

后来，邻居的长辈们见他形容憔悴，病症奇特杂乱，于是开导他说："这都是庸医害人、你胡乱吃药的结果。其实你本没什么大不了的病。人的生命，本以元气为主，再辅之以一日三餐正常的饮食。而你呢，天天吃这药喝那药，千百种药毒搅乱了你的体内正常秩序，结果既损害了你的身体，又阻断了饮食的营养供给，所以肯定会百病齐出。我看你现在的当务之急是要安定思想，首先休息好身体，再辞谢医生，放弃药物，恢复营养，多吃你喜爱的食物，这样，你的元气就会慢慢在体内恢复，身体一天天强壮起来，自然而然吃东西便觉有滋味了。一天三餐饭，便是最好的药，你不妨照我说的去做，保证有效。"

这个人在万般无奈的情况下，按照老人所说的去做了，仅仅只一个月，果然身上的各种病症就消除了，身体又恢复了原样。

其实生活中往往就是这样，越疑心自己有这病那病，就越觉得果真有病，结果乱投医、瞎吃药，把个没病的身体搞得到处是病。处理问题也是一样，如不从实际出发，仅凭想当然就去东一锄头西一棒子地瞎来一气，结果问题必然会越来越严重，事情越办越糟糕。

这是一个中国民间的寓言故事，说的是人对待疾病应有的态度。此类的中国民间寓言故事有很多，像是《自相矛盾》《刻舟求剑》《守株待兔》……几乎每一个成语的背后都会有一个寓言故事。其中不少都是根据文言文改编而成，所以此类故事大多以摆事实、讲道理为主，对于景物、细节或是人物对白的描写并不是很细，因此在朗诵的时候,也会有不同的要求。

总体来看,此类寓言朗诵时的口气接近于议论文或者杂文的朗诵,不求绘声绘色、栩栩如生,关键是要用平实的语言,准确清晰地说明故事的原委,并最终自然而然地将主题落于最后一段的说理部分。

具体就这篇文章来说,文章前半部分说的是庸医乱治病,语言可以略微夸张一点,表现出反复折腾的痛苦;后半段是长者的劝解,需要把语气稳下来一些,表现出语重心长地劝诫。最后的道理,就十分接近议论文的论述式语气了,可以略带些许说教的口吻,但不宜过多。

最 后 一 课
都 德

那天早晨上学,我去得很晚,心里很怕韩麦尔先生骂我,况且他说过要问我们分词。可是我连一个字也说不上来。我想就别上学了,到野外去玩玩吧。

天气那么暖和,那么晴朗!

画眉在树林边婉转地唱歌;锯木厂后边草地上,普鲁士兵正在操练。这些景象,比分词用法有趣多了;可是我还能管住自己,急忙向学校跑去。

我走过镇公所的时候,看见许多人站在布告牌前边。最近两年来,我们的一切坏消息都是从那里传出来的:败仗啦,征发啦,司令部的各种命令啦——我也不停步,只在心里思量:"又出了什么事啦?"

铁匠华希特带着他的徒弟也挤在那里看布告,他看见我在广场上跑过,就向我喊:"用不着那么快呀,孩子,你反正是来得及赶到学校的!"

我想他在拿我开玩笑,就上气不接下气地赶到韩麦尔先生的小院子里。

平常日子,学校开始上课的时候,总有一阵喧闹,就是在街上也能听到。开课桌啦,关课桌啦,大家怕吵捂着耳朵大声背书啦……还有老师拿着大铁戒尺在桌子上紧敲着,"静一点,静一点……"

我本来打算趁那一阵喧闹偷偷地溜到我的座位上去;可是那一天,一切偏安安静静的,跟星期日的早晨一样。我从开着的窗子望进去,看见同学们都在自己的座位上了;韩麦尔先生呢,踱来踱去,胳膊底下夹着那怕人的铁戒尺。我只好推开门,当着大家的面走过静悄悄的教室。你们可以想象,我那时脸多么红,心多么慌!

可是一点儿也没有什么。韩麦尔先生见了我,很温和地说:"快坐好,小弗郎士,我们就要开始上课,不等你了。"

我一纵身跨过板凳就坐下。我的心稍微平静了一点儿,我才注意到,而且整个教室有一种不平常的严肃的气氛。最使我吃惊的是,后边几排一向空着的板凳上坐着好些镇上的人,他们也跟我们一样肃静。其中有郝叟老头儿,戴着他那顶三角帽,有从前的镇长,从前的邮递员,还有些别的人,个个看来都很忧愁。郝叟还带着一本书边破了的初级读本,他把书翻开,摊在膝头上,书上横放着他那副大眼镜。

我看见这些情形,正在诧异,韩麦尔先生已经坐上椅子,像刚才对我说话那样,又柔和又严肃地对我们说:"我的孩子们,这是我最后一次给你们上课了。柏林已经来了命令,阿尔萨斯和洛林的学校只许教德语了。新老师明天就到。今天是你们最后一堂法语课,我希望你们多多用心学习。"

我听了这几句话,心里万分难过。啊,那些坏家伙,他们贴在镇公所布告牌上的,原来就是这么一回事!

我的最后一堂法语课!

我几乎还不会作文呢!我再也不能学法语了!难道这样就算了吗?我从前没好好学习,旷了课去找鸟窝,到萨尔河上去溜冰……想起这些,我多么懊悔!我这些课本,语法啦,历史啦,刚才我还觉得那么讨厌,带着又那么重,现在都好像是我的老朋友,舍不得跟它们分手了。还有韩麦尔先生也一样。他就要离开了,我再也不能看见他了!想起这些,我忘了他给我的惩罚,忘了我挨的戒尺。

可怜的人!

他穿上那套漂亮的礼服,原来是为了纪念这最后一课!现在我明白了,镇上那些老年人为什么来坐在教室里。这好像告诉我,他们也懊悔当初没常到学校里来。他们像是用这种方式来感谢我们老师四十年来忠诚的服务,来表示对就要失去的国土的敬意。

我正想着这些的时候,忽然听见老师叫我的名字。轮到我背书了。天啊,如果我能把那条出名难学的分词用法语从头到尾说出来,声音响亮,口齿清楚,又没有一点儿错误,那么任何代价我都愿意拿出来的。可是开头几个字我就弄糊涂了,我只好站在那里摇摇晃晃,心里挺难受,连头也不敢抬起来。我听见韩麦尔先生对我说:

"我也不责备你,小弗郎士,你自己一定够难受的了,这就是了。大家天天都这么想:'算了吧,时间有的是,明天再学也不迟。'现在看看我们的结果吧。唉,总要把学习拖到明天,这正是阿尔萨斯人最大的不幸。现在那些家伙就有理由对我们说了:'怎么?你们还自己说是法国人呢,你们连自己的语言都不会说,不会写!……'不过,可怜的小弗郎士,也并不是你一个人的过错,我们大家都有许多地方应该责备自己呢。"

"你们的爹妈对你们的学习不够关心。他们为了多赚一点钱,宁可叫你们丢下书本到地里,到纱厂里去干活儿。我呢,我难道没有应该责备自己的地方吗?我不是常常让你们丢下功课替我浇花吗？我去钓鱼的时候，不是干脆就放你们一天假吗？……"

接着，韩麦尔先生从这一件事谈到那一件事，谈到法国语言上来了。他说，法国语言是世界上最美的语言，最明白，最精确；又说，我们必须把它记在心里，永远别忘了它，亡了国当了奴隶的人民，只要牢牢记住他们的语言，就好像拿着一把打开监狱大门的钥匙。说到这里，他就翻开书讲语法。真奇怪，今天听讲，我全都懂。他讲得似乎挺容易，挺容易。我觉得我从来没有这样细心听讲过，他也从来没有这样耐心讲解过。这可怜的人好像恨不得把自己知道的东西在他离开之前全教给我们，一下子塞进我们的脑子里去。

语法课完了，我们又上习字课。那一天，韩麦尔先生发给我们新的字帖，帖上都是美丽的圆体字："法兰西""阿尔萨斯""法兰西""阿尔萨斯"。这些字帖挂在我们课桌的铁杆上，就好像许多面小国旗在教室里飘扬。个个人那么专心，教室里那么安静！只听见钢笔在纸上沙沙地响。有时候一些金虫飞进来，但是谁都不注意，连最小的孩子也不分心，他们正在专心画"杠子"，好像那也算是法国字。屋顶上鸽子咕咕咕咕地低声叫着，我心里想："他们该不会强迫这些鸽子也用德国话唱歌吧！"

我每次抬起头来，总看见韩麦尔先生坐在椅子里，一动也不动，瞪着眼看周围的东西，好像要把这教室里的东西都装在眼睛里带走似的。只要想想：四十年来，他一直在这里，窗外是他的小院子，面前是他的学生；用了多年的课桌和椅子，擦光了，磨损了；院子里的胡桃树长高了；他亲手栽的紫藤，如今也绕着窗口一直爬到屋顶了。

可怜的人啊，现在要他跟这一切分手，叫他怎么不伤心呢？何况又听见他的妹妹在楼上走来走去收拾行李！——他们明天就要永远离开这个地方了。

可是他有足够的勇气把今天的功课坚持到底。习字课完了，他又教了一堂历史。接着又教初级班拼他们的 ba，be，bi，bo，bu。在教室后排座位上，郝叟老头儿已经戴上眼镜，两手捧着他那本初级读本，跟他们一起拼这些字母。他感情激动，连声音都发抖了。听到他古怪的声音，我们又想笑，又难过。啊！这最后一课，我真永远忘不了！

忽然教堂的钟敲了十二下。祈祷的钟声也响了。窗外又传来普鲁士士兵的号声——他们已经收操了。韩麦尔先生站起来，脸色惨白，我觉得他从来没有这么高大。

"我的朋友们啊，"他说，"我——我——"

但是他哽住了，他说不下去了。

他转身朝着黑板,拿起一支粉笔,使出全身的力量,写了两个大字:"法兰西万岁!"

然后他呆在那儿,头靠着墙壁,话也不说,只向我们做了一个手势:"放学了,——你们走吧。"

这是一篇脍炙人口的短篇小说,作者是法国著名作家都德。作品通过一个小孩子的口吻,讲述了普法战争后普鲁士强迫阿尔萨斯和洛林两地学校停教法语,改教德语的历史事件,表现出了作者坚定不移的爱国主义情怀。正因为此,这篇文章被多个国家收入中小学课本,作为爱国主义教育的范本使用。

全篇文章都是从一个孩子的口中叙述成文的,因此在朗诵时,首先要找到"孩子"的感觉——说话的音色、语调、口气、情绪都要略微接近小学生的语言状态,还要根据文章内容随时将语言转变成老师、镇民、小小孩等各种角色,因此人物角色声音形象的塑造是朗诵本文的第一要务。

在这基础上,对人物角色情感状态的把握则是更进一步的朗诵要求。从一开头小弗郎士调皮捣蛋,不想学习,到最后震惊、伤心、难过、愤怒,拼了命地去学习这最后一堂法语课,其中感情脉络的变化需要朗诵者细细揣摩;同时韩麦尔先生心中失落、不甘、愤恨、无奈的心情也需要朗诵者认真体会。

总的来说,这篇小说的朗诵是有着比较高的难度的,无论是对内部技巧的要求,还是对外部技巧的使用,都提出了非常苛刻的要求。但如果能够把这篇文章念得感人,这对朗诵者整体上的专业能力都是一种高度的认可。

人,又少了一个
聂华苓

三年前,也是冬天。一个骨瘦如柴的女人来到我家门前。

她头发蓬乱,脸色苍黄,穿着一件空荡荡的破旧花棉袄和一条褪色的灰布裤子,手中提着一个白布口袋。她轻轻推开我家虚掩的大门,缩缩瑟瑟地探进头来。我正站在窗口。

"太太,我不是叫花子,我只是要点米,我的孩子饿得直哭!"她没等我回答,就自我介绍下去:"我也是大学毕业的。哪,你看。"她抖着手由内衣口袋中掏出身份证来,"这上面都写着的,这是我以前的照片!"

由于好奇,我接过她的身份证。那是一个富态的中年女子的照片:光亮细碎的发鬈,整整齐齐地贴在头上,淡淡的双眉,弯在那一双满足的眼睛之上,衣襟上还盘着一个蝴蝶花扣。

我端详着那照片的时候,她就一个人絮絮叨叨地讲了下去:"我先生坐了牢,我就一个人带着四个孩子,饱一天,饿一天。我替人洗衣服,付了房钱,喝稀饭都不够!孩子们饿得抱着我哭,我只有厚着脸皮出来讨点米。我只要米,不要钱,我不是叫花子,我是凭一双手吃饭的人!太太!唉!我真不好意思,我开不了口,我走了好几家,都说不出口,又退出来了!我怎么到了这一天!"她撩起衣角来拭眼泪。

我将她的口袋装满一袋米。她抖动着两片龟裂的嘴唇说道:"这怎么好意思?您给我这么多!这怎么好意思!谢谢,太太,我不晓得怎么说才好,我——我直想哭!"她淌着泪背着一袋米走了。

三年后的今天,我又看见了那个女人。她正站在巷口一家人家门前,我打那儿经过。她皱缩得更干更小了!佝偻着背,靠在门框上,脸上已经没有三年前那种羞怯的神情了,咧着一嘴黄牙,阴森森地笑着,用一种熟练的讨乞声调高声叫道:"太太,做做好事,赏一点吧!太太,做做好事,赏一点吧!"只听得门内当啷一响,是金属落地的声音,接着是一声吆喝:"一角钱拿去!走,走,谁叫你进来的?你这个女人,原来还自己洗洗衣服赚钱,现在连衣服也不洗了,还是讨来的方便!"

那女人笑嘻嘻的:"再赏一点吧,太太,一角钱买个烧饼都不够!""咦,哪有讨饭的还讨价还价的?走,走,在这里哼哼唧唧的,成什么样子?"那女人的嘴笑得更开了:"再给我一点就走,免得我把您地方站脏了,再多给一点!"

呼地一声,大门被踢上了。那女人回过头来,冷笑了一声,然后漠然望了我一眼,她已经不认得我了!

这是一篇令人深思的故事散文,作者是中国台湾地区的女作家聂华苓。文章题目叫《人,又少了一个》,可在文章里写的却是一个落魄的女人逐渐变成乞丐的故事——没有任何一个人死亡或者离开。作者希望用这样一种隐晦的方式表明自己的观点——人一旦丧失了尊严,他就不能再称之为人了。

作为一篇面向成人、蕴含深意的故事散文,在朗诵的时候需要保持一个相对成熟、稳重的偏向于散文风格的基调,在此基础上进行人物的刻画与情节的推进。

文章主要表现的是那个女人从一个贫穷但有骨气的人沦落为没有尊严的叫花子的巨大反差,因此在故事讲述过程中,需要着重表现女人说话时语气、态度的变化——三年前讨米时内心的痛楚与羞愧,三年后讨钱时的厚颜与放肆。两者间的落差越大,便越能表现出作品的主题思想。